ブラック役場化する職場

知られざる非正規公務員の実態

特定社会保険労務士 三村 正夫 著

労働調査会

はじめに

はじめまして。この本を手に取られた全国の地方自治体の非正規公務員の方や、人事労務担当者の方々に深く感謝申しあげます。

この本は、筆者の友人の奥様が、ある自治体の役場で受けた雇止めや未払い残業などに対する裁判などを通して、全国の非正規公務員が不当な扱いを受けることがないようにするためにはどのように対応していくべきかを筆者なりにまとめたものです。

ただし、個人のプライバシーもありますので、事実に基づいていますが、一部相違している点はご容赦ください。

全国の自治体が実際どうであるかは分かりませんが、この本は筆者が友人の奥様から特定社会保険労務士として相談を受けた情報などをもとにしています。どこの職場でもある話ですが、役場でもサービス残業などがあったりすることもあるようです。

民間企業ではよくある話ですが、問題は役場であるということです。この点に憤りを感じるのは、筆者だけでなく、読者も同じ気持ちではないかと思います。それは何故か？

それは役場は我々の税金で成り立っているからです。

庶民を守らなければならない役場で、ブラック企業といわれかねないことが、起きているかもしれないということです。

事実確認については、筆者が直接の当事者でないので何とも言えませんが、今回の事例の裏付けとなる資料などを拝見していると、そんなこともあるのかと思ってしまいます。

この本では、訴訟を引き受けていただいた弁護士の先生や、筆者の友人、奥様からの一連の相談から訴訟までになっていった流れの中で、筆者が感じた役場の雇止めや未払い残業などにどのように対応していけばよいのか？　また、使用者として自治体はトラブルにならないためどのような労務管理を心掛けるべきか？　実感としてつかめていただければ幸いです。

この本はタイトルがブラック役場化ということで役場の暴露本といったイメージを多少とも感じたかもしれませんが、そうではなく非正規公務員によりよい職場環境で働いてもらうために、どのような対応が必要であるかを、本書を通して一つでもご理解いただければと思います。

また、このことが、われわれ国民にとって一番身近な役場の雇用環境が改善して、益々発展していくことのキッカケの一つになれば筆者としてこの上ない喜びです。

なお、この本の原稿をかいている5月に、改正地方公務員法・地方自治法が成立し、この本で紹介している非正規公務員の内容が3年後の施行日からは変わっていくことになりましたのでご理解のほどお願いいたします。

どうか最後まで、気軽に肩のちからを抜いてお読みいただけたら幸いです。

2017年7月

三村　正夫

ブラック役場化する職場
~知られざる非正規公務員の実態

1章

人手不足の時代であるが増え続ける非正規雇用

1 非正規雇用とはなにか？

読者の皆さん、「非正規雇用」という言葉は新聞などでよく耳にすると思いますが、その定義を正確に言える人は少ないのではないでしょうか。ご存知のように一口に雇用といっても、正社員・契約社員・派遣社員・パート社員・アルバイト・嘱託社員など、雇い方によって、様々な呼び名がありますが、最初の正社員以外はすべて非正規雇用にあたります。

非正規雇用を「デジタル大事典」で調べてみると、**「期間を限定し、比較的短期間での契約を結ぶ雇用形態。1日の労働時間や1週間の労働日数は労働者によって異なる。臨時社員、派遣社員、契約社員、パートタイマー、アルバイトなどが含まれる」**と定義されています。

この定義のように期間の定めがあるかないかが、正規と非正規の区分のポイントです。

民間・自治体の非正規雇用の比率

総務省のデータによると、**図表1**のとおり民間企業の非正規雇用の比率は37・5％となって

図表1　正規・非正規雇用労働者の推移

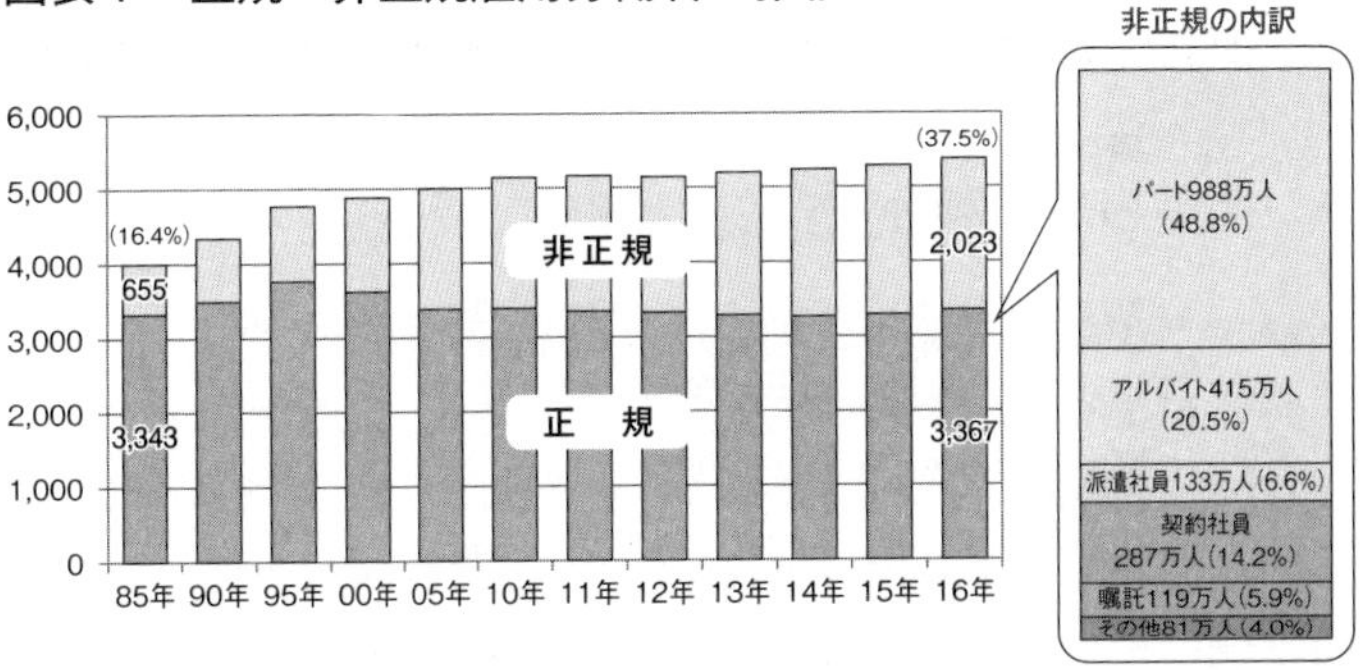

(資料出所) 2000年までは総務省「労働力調査(特別調査)」(2月調査)、2005年以降は総務省「労働力調査(詳細集計)」(年平均)による。
注) 雇用形態の区分は、勤め先での「呼称」によるもの。

います(2016年現在)。

3人に一人が非正規の労働者です。このような現状は、マスコミでもよく報道されているので、ご存じの方も多いかもしれません。

一方、地方自治体の非正規公務員の比率は**図表2**のような現状です。

図表2を見ると、調査自治体における臨時・非常勤等職員の平均比率は33・1%であり、民間と自治体も非正規の比率はそれほど変わらないということが分かります。

また、自治体区分別では都道府県よりも市町村の方が非正規の割合は高いことが分かります。さらに、50%以上の比率の自治体も1割程度あるようです。

図表2　臨時・非常勤等職員の比率

臨時・非常勤等職員の比率は一般市では36.9%、町村では38.0%に達する

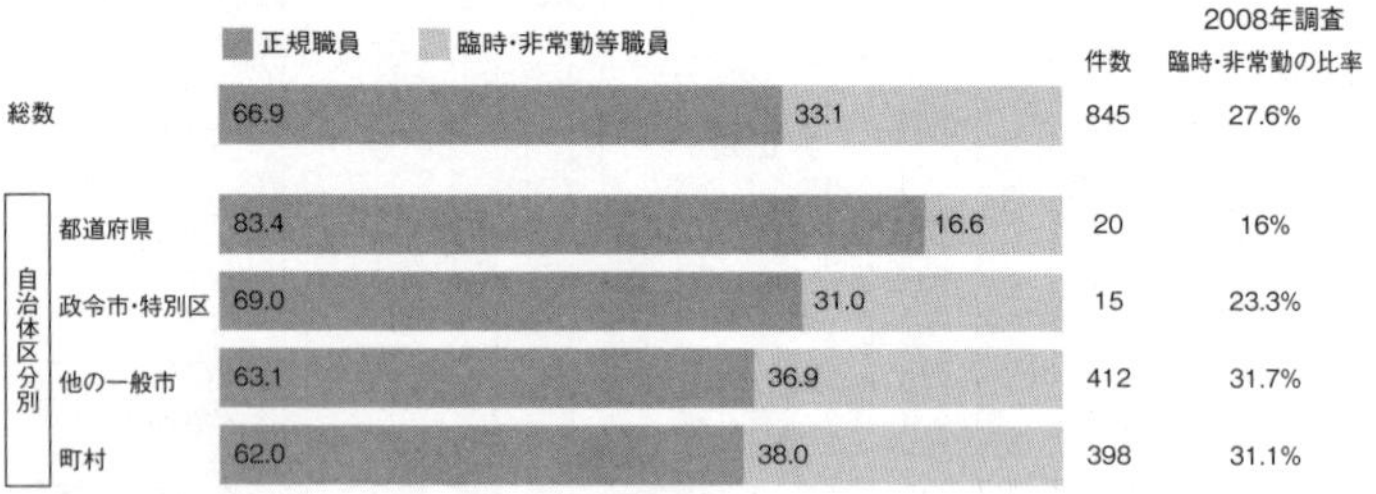

（資料出所）「2012年度　自治体臨時・非常勤等職員の賃金・労働条件制度調査結果報告ダイジェスト版」全日本自治団体労働組合（自治労）

自治体での非正規公務員は3種類

自治体での非正規公務員の雇用は、地方公務員法の任用根拠条文に基づいて任用されており、次の3種類に分けられています。

①臨時職員（地方公務員法22条2項・5項）

任用期間は6ヵ月の期間で更新回数1回、最長1年と定められている者です。具体例としては育児休業を取得する職員の代替として採用されるケースなどがあります。

②特別職非常勤職員（地方公務員法3条3項3号）

臨時又は非常勤の顧問、参与、調査員、嘱託員及びこれらの者に準ずる者の職となっています。具体例としては一般事務員・保育士・給食調理員・教員・講師などがあります。

地方公務員法3条に地方公務員の職は、「一般職と特別職とに分ける」となっており、2項で「一般職は、特別職に属する職以外の一切の職とする」、そして3項で特別職の具体的職が定められています。

この特別職にあたるのが、いわゆる自治体の非正規公務員で、「②特別職非常勤職員」です。

③一般職非常勤職員（地方公務員法17条）

名前はいかめしいですが、民間でいうアルバイト・パート・契約社員といった位置付けになります。自治体の中には、この根拠条文も分からないまま任用している自治体もあるようです。

自治体全体では、非正規公務員の割合は臨時職員が41・5%、特別職非常勤が31・6%、一般職非常勤が20・6%となっています（「2012年度　自治体臨時・非常勤等職員の賃金・労働条件制度調査結果報告　ダイジェスト版」全日本自治団体労働組合（自治労））。

民間とは全く違った名称なので、我々がイメージするパート社員や契約社員とは、名称からくるイメージはかなり異なると思います。

これでなんとなく、非正規公務員のイメージがわいてきたのではないかと思います。

2 自治体における非正規公務員の位置づけ

前節で紹介の通り、公務員も3人に一人は非正規です。調べてみると約6割が非正規公務員の自治体もあるようです。このような非正規公務員増加の原因を探る資料として、総務省の調査「臨時・非常勤職員に関する調査結果」が参考になります。

同調査結果によると、2005年から2012年にかけて、常勤職員の定員削減と人件費の抑制などにより、正規公務員は27万3209人減少したことが分かりました。その一方、7年間で、非正規公務員の人数は約45万人から60万人に増加しています。

このように常勤職員の定数削減と人件費抑制が、非正規公務員増加の主な原因といえるでしょう。

その結果、これまで主に補助的業務を担当していた非正規公務員が、人手不足と人件費の抑制も加わって、正規公務員が担ってきた正規職員の仕事を、非正規公務員の仕事へと徐々に置き換えられてきたのではないかと思われます。

地方公務員法が適用されない特別職

非正規公務員の位置付けを考えるうえで重要なことは、地方公務員法にどのように定められているかです。地方公務員法の位置付けを考えるうえで重要な条文は4条です。4条1項では、**「この法律の規定は、一般職に属するすべての地方公務員に適用する」**とし、2項で**「この法律の規定は、法律に特別の定がある場合を除く外、特別職に属する地方公務員には適用しない」**と、定められています。

特別職は、先ほどの区分で言う非常勤の「②特別職非常勤職員」ですので、非正規雇用にも、根拠条文により特別職非常勤グループと一般職非常勤・臨時職員グループとに分かれることになります。二つのグループとも共通するのはどちらも非正規公務員であるということです。

また、この特別職には前述の条文にあるように地方公務員法が適用されません。直訳すれば、特別職非常勤職員は地方公務員として任命されながら、実際には地方公務員法が適用されないという、摩訶不思議な法の谷間にある身分なのです。

ただし、一般職・臨時職員は、地方公務員法が原則適用となります。このように同じ非正規公務員でも、任命の基準によって適用される法律が異なってきてしまうのです。

筆者も、特定社会保険労務士の仕事がら、様々な労働相談を受けますが、採用されている団体の法律が適用されないという事実を、初めて知ったときは信じられない気持ちでした。

一般的に労働相談の窓口は、費用のかからない労働基準監督署にいかれるケースが多いと思います。しかし、今回の自治体の特別職の非常勤職員などの場合は、窓口で契約更新されなかったことを相談しても、「あなたは地方公務員なので、人事委員会に相談してほしい」となってしまいます。また、人事委員会に相談すれば、「あなたは特別職の非常勤職員なので、公務員法は適用にならない」と言われてしまうと思います。なので、その後は労働組合に相談にいくか、弁護士のところに相談するしかないのです。

このように個別労働関係紛争の解決の促進に関する法律も公務員法も適用にならないとすれば、このような方はどの法律を頼りにすればよいのでしょうか？　筆者はここに法律の重大なミスマッチ、谷間が存在していると、改めて思うわけです。

地方公務員法の改正

2017年5月に改正地方公務員法が成立しました。3年後の2020年4月1日に施行されるので、今後はこれまでの臨時職員・特別職非常勤職員・一般職非常勤職員は最長1年ごとの採用となる会計年度任用職員へほとんどが移るのではないかと思われます。

しかし、特別職非常勤職員（専門的な知識経験等に基づき、助言、調査等を行う者に厳格化）・臨時職員（常勤職員に欠員が生じた場合に厳格化）の制度は存続していくようです。従って、今後は非正規公務員は特別職の非常勤職員と臨時職員、会計年度任用職員の3種類に変更になります。このことにより、これまで採用根拠がハッキリしていないため自治体によってバラバラだった採用根拠がスッキリしていくのではないかと思います。

また、特別職の非常勤職員に適用されていた労働組合法の適用は、会計年度任用職員に移ると適用されなくなるので労働条件の悪化が懸念されるところです。

3 自治体の非正規公務員は労働基準法適用か、それとも地方公務員法適用か？

労働基準法では契約更新については明確な定めがなく、法定労働時間を超えた場合の割増賃金などについては定めがありますが、いわゆる雇止めに関しては明確な定めがありません。

パート社員などの雇止めが民間の会社であれば、労働契約法とかパートタイム労働法などによって、救済の定めがありますが、これらの法律は地方公務員や国家公務員は適用されないと定められているのです（労働契約法22条、パートタイム労働法29条）。したがって更新されなかったから、不当な雇止めと主張したいとき、バックアップしてくれる法律がありません。

もちろん、労働基準法は112条に「この法律及びこの法律に基づいて発する命令は、国、都道府県、市町村その他これに準ずべきものについても適用あるものとする」となっていますので、非正規公務員が労働基準法の適用を受けないというわけではありません。

労働基準法と地方公務員法がバッティングする箇所は地方公務員法によるため、その部分については労働基準法は該当しないことになります。

また、地方公務員法で特別の定めがあるときは、特別職の非常勤嘱託のケースでも地方公務員法が適用になります。

そのため、自治体などに非正規として働くときは、採用にあたっての書類によく目をとおして、どの職種なのかを確認しておくことが重要です。このことは民間の会社で働くとき以上に必要といえるでしょう。こうした姿勢が採用後のトラブル対策の一つになってきます。

公務員の採用は「雇用」ではなく「任用」

公務員の採用は、「任用」という方式が一般的であり、これは「雇用ではなく任用である」という考え方を採用しています。

これはどのようなことかと言うと、民間であれば、労使が対等な立場で労働契約を合意して雇用関係が発生しますが、公務員法の世界では、使用者である行政の優位性が認められる「任用」となっているわけです。したがって、民間の感覚では違法な雇止めも裁判では行政側の意思が優先されて適法とされてしまいます。採用における地位は「行政処分に基づくものであり、任用期間が終了すれば当然に終了するものである」との考えに基づいたものであり、処分は行政庁の裁量権に含まれるものであるとの認識になってしまうのです。

その結果、公務員はパートタイム労働法や労働契約法が適用されないので、期間満了を不服とする裁判などは、ほとんど勝ち目がないという現実が見えてきます。

筆者も非正規公務員から相談を受けたとき、「雇用契約書はありませんか？」と尋ねると、「雇用契約書の交付を受けた記憶がない」といった回答を聞くことがあります。民間であれば労働基準法からも労働条件の明示が義務付けられているので、役場の採用でも、必ず雇用契約書があるものと思っていましたが、任用という考えからは、雇用契約書といった発想はなく、あるのは辞令書なのです。この辺の採用からして民間の感覚とはズレがあることがうかがえます。なので、自治体で非正規として働くときは、再任用はないものとして勤務することも重要な心構えといえるかもしれません。

非正規公務員の法適用関係

筆者が日常的に労働相談などを受けて、裁判になるようなケースは、弁護士や労働局の斡旋などを紹介しています。民間会社であれば、不当な雇止めなどのケースでは、その多くが、労働者側の勝利で決着すると思いますが、非正規公務員となるとまったく様変わりするのです。

簡単ではありますが、自治体の非正規公務員に適用される法律を簡単に表にしてみました。但し、この表の中でも地方公務員法と労働基準法の適用関係は、各自治体の状況によっても、相違してくるのでこの表のとおりにはいかないケースもあることはご理解頂きたいと思います。

図表3を見れば、同じ非正規公務員でも任用される地方公務員法の根拠条文により、法令の適用が違ってくることが分かります。ただし、地方公務員法の改正（2020年4月施行）により**図表3**の臨時的任用を除く臨時職員と特別職非常勤職員（専門的な知識経験等に基づき、助言、調査等を行う者以外）は表の一般職非常勤の箇所が会計年度任用職員に変更の予定です。

自治体などに勤務していると、一般的な感覚としては、恵まれているように想像してしまいますが、非正規となると現実の処遇はかなり相違してくるのです。加えて、市町村等の非常勤嘱託の約8割近くを女性が占めていることも特徴的です（『臨時非常勤職員に関する調査結果』について」総務省）。

自治体の非正規は、一時的なパートとしての勤務を希望するのであれば、安心して働けるので、ある意味最適な職場の一つかもしれません。

しかし、最低でも10年ほど勤務して、一生懸命に正規公務員と変わらない内容の仕事をやっていきたいと思う職員にとっては、このような法律関係には民間以上に辛いものがあるのではないかと思います。

図表3　自治体の非正規公務員の法律の適用関係

	臨時職員（第22条）	特別職 非常勤職員（第3条3項）	一般職 非常勤職員（第17条）
地方公務員法	○	×（特別な定めがるときは適用される）	○
労働基準法	○（基本的に適用）	○（全面適用）	○（基本的に適用）
	（労基法と重なる部分は公務員法が優先）		
労働契約法	×	×	×
	（公務員は適用除外）		
パート労働法	×	×	×
	（公務員は適用除外）		

※各自治体によっては適用関係は相違することもあります。

4 非正規と正規公務員とでは処遇がこれだけ違う

「はじめに」でも述べましたが、本書は、役場の非正規公務員として勤務していた筆者の知人の奥様（以下「Aさん」と呼称します）から受けた相談をきっかけに、非正規公務員の雇用問題の改善をテーマとしたものです。本節以降から、随所で、Aさんの訴訟に至る経緯や、当時の状況などを紹介しつつ、筆者なりに感じた非正規公務員における問題点と解決策を提示していきます。なお、Aさんの事案を紹介する際は、本人のプライバシーに配慮し、一部事実と相違する点があります。

この節では、給与に関して考えてみましょう。

今回、筆者が相談を受けたAさんの役場からの給与明細を見て最初に思ったことは、支給項目が基本給約17万円のみだったことです。時間外手当の欄はあるものの、支給ゼロでした。読者のみなさんが民間の方なら、自分の給与明細を見れば、何かしら一つか二つ手当があるものです。非正規の公務員給与について調べてみると、支給項目が給料いわゆる基本給のみであるということが多く、これが非正規公務員の給与処遇の特徴だと分かってきました。

それでは、非正規でない公務員の給与明細はどうなっているか。大変興味のあるところです。正規の常勤の職員となると次のような賃金形態が多いことが分かりました。

Ⅰ．毎月決まって支給される給与

基準内給与　①給料　②扶養手当　③地域手当

その他の手当　①住居手当　②通勤手当

③超過勤務手当　④特殊勤務手当

Ⅱ、その他の給与

①一時金（期末・勤勉手当）

②退職手当

どの自治体の常勤職員の給与明細もこのような手当などで構成されていると思われます。こうして見ると、給与明細書から、正規と非正規の処遇の違いが見えてきます（**図表4**）。非正規はこの事例では給料17万円が原則変わらないのに対して、正規職員は給料18万円から毎年昇給していくのです。この17万円、パートの給与感覚として、一概には言えませんが決して悪くはないと思います。問題は、このような処遇で仮に再任用されても約17万円前後で昇給

図表4　明細書の事例

①非正規公務員事例

給与明細

所属　　氏名　　平成24年　月分

支給額	給料	扶養手当	住居手当	通勤手当	時間外手当	休日勤務	
	170,000						
	夜間勤務	宿日直手当	管理職手当	児童手当	地域手当	寒冷地手当	支給額合計
							170,000

②正規公務員事例（大卒初任給の場合）

給与明細

所属　　氏名　　平成28年　月分

支給額	給料	扶養手当	住居手当	通勤手当	時間外手当	休日勤務	
	180,000	13,000		8,000			
	夜間勤務	宿日直手当	管理職手当	児童手当	地域手当	寒冷地手当	支給額合計
					30,600		231,600

がないことです。非正規はその他手当も原則ありません。

また、非正規公務員のときは、総務省の解釈では、給料ではなく報酬を支払っているので、手当は支払えないとなっているようです。しかも任期制なので、昇給制度もないのです。民間であれば、会社の業績がよければ、パートであっても時給アップとかあるでしょう。会社の業績次第では小さな会社でも、昇給や賞与はあるものです。しかし、自治体の非正規公務員は原則ないのです。

非正規公務員の大半が女性で、パートのような感覚で勤務しているため、このような賃金制度であっても社会問題になるようなことにまで発展してこなかったのだと思います。

しかしながら、非正規公務員として生計を立てて、何回も再任用され、着実にキャリアアップを積み重ねているような方であれば、職員としてのやりがいを見出すためにも、昇給や賞与といった各種制度の改善があってもよいのではないかと思います。

読者の皆さんいかがですか？　昇給のない非正規公務員の年収は何年勤務しても、昇給がないので、そのほとんどの方が、年収200万円前後のようです。日本人のサラリーマンの平均年収は約400万円と言われていますので、自治体の非正規公務員は何年勤続しても、平均サラリーマンの半分にも満たない年収が実態なのです。まさにあなたの町の受付や事務などの窓口の方は、ある意味「官製版のワーキングプア」とも言える方々であるかもしれないのです。これはあなたの周りの役場・役所でもあり得る話なのです。

「役場なんか税金で成り立っているのだから、昇給とか必要ない、いやだったら役場をやめればいいんだ」といった言葉も聞かれそうですが、せめて一時的・臨時的な業務ではなく、正規職員レベルに働いている非正規職員については、処遇の改善があってしかるべきではないでしょうか。

我々が、役場へ出向くと、独特の雰囲気があって役場だなと感じますが、そこで働いている約3割の中には、ひょっとすると、ワーキングプアの方々が働いているとも言えなくもないのが、日本の現実なのです。

生活保護の相談に行った方は、生活保護寸前の役場の方（非正規公務員）によってアドバイスをされているかもしれないのです。

自治体で働いている方は、安定した職場で一見、待遇もよさそうに見えますが、何年も勤続している非正規公務員となると、ある意味民間の同じような勤続年数の非正規職員よりも待遇は悪いかもしれないのです。

しかし、一方では一時的なアルバイト・パート先であるとの認識で勤務していれば、ワーキングプアどころか、最適なアルバイト先かもしれないという側面もあると思います。

5 正規公務員の賃金水準は世間相場ではどの水準か

前節で非正規公務員の年収相場は、約200万円との話をしましたが、それでは正規公務員はどのレベルなのでしょうか。ある地方のB県の自治体数箇所の賃金データを調べてみますと、どの自治体も水準は多少の相違はありますが、同じような感じでした。

B県の役場の水準　平均年齢41・4歳で
平均給料月額約29万円　手当含む平均給与総額約35万円
B県の県庁の水準　平均年齢41・9歳で
平均給料月額約32万円　手当含む平均給与総額約40万円
総務省「地方公務員各都道府県データ」（平成28年4月1日現在）

ザックリ前記のような感じです。非正規公務員はフルタイムで働いても月額賃金20万円前後ですので、平均で見ても賃金レベルは、正規公務員の約半分になります。

参考のために、非正規公務員の雇い入れ時の月額は**図表5**のようなレベルです。

図表5の職種のように、保育士・学校給食調理員・ケースワーカー・本庁・支所等での一般事務など代表的職種の雇い入れ時の月給を掲載しましたが、非正規公務員がどのタイプの職員になるかは、明確な基準が定められていないので、同じ職種、例えば図書館職員がある自治体では、特別職非常勤であったり、一般職非常勤であったりするようです。どのタイプの職員かで適用される法律も違ってきますので、自治体で非正規として働くときはどのタイプの職員かは、確認しておくべきです。

また、読者で、非正規の職員さんであれば、この際どのタイプの職員であるのかぐらいは確認する必要があるのではないかと思います。Aさんもその辺のところは、まったく分からず、民間の感覚で、再任用されないのは絶対に法律違反ではないかと話していました。

非正規公務員の読者の方も、自分をとりまく法律関係のことは知らなかった方が多いのではないでしょうか。

無知は**闇**ですが**知識**は**光**になります。

今回掲載したデータは雇い入れ時のものですが、中心的問題はこの状態が継続して、何回再

図表5　雇い入れ時の月給

保育士、学校給食、図書館、一般事務の最多層は14万円～16万円未満

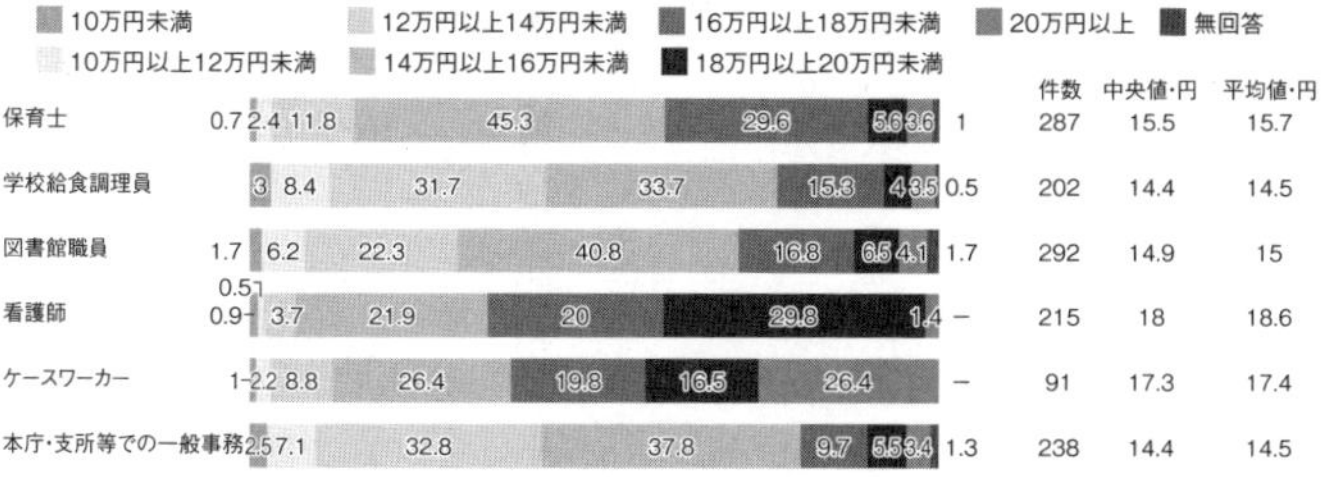

　雇い入れ時の月給額（中央値）も、一般事務14.4万円、学校給食14.4万円、図書館14.9万円の3職種では、自治労がめざす自治体最低賃金149,800円（高卒初任給相当）より低い実態にあります。

（資料出所）「2012年度　自治体臨時・非常勤等職員の賃金・労働条件制度調査結果報告ダイジェスト版」全日本自治団体労働組合（自治労）

任用されても原則昇給がないということです。一時的なアルバイト感覚のつもりで勤務しているのであれば、不満も起きないと思いますが、生活の糧として、キャリアアップを真剣に見据えてケースワーカーなどで働いている職員にとっては不満のある処遇ではないかと思います。

非正規公務員がこれまでの正規公務員が担う基幹的業務の一部を置き換えられて担当しているケースも多いでしょう。なので、正規公務員と同等の仕事をしている非正規公務員の方にとっては、「何故自分の賃金は半分又は3分の1なのか」と誰でも疑問を持つのが自然です。Aさんも話していました。「私の仕事内容は上司の課長以上に働いている。上司は定時になると一番に帰る」と。

民間と自治体の賃金水準の比較

次に、自治体の賃金水準を民間と比較してみましょう。

厚生労働省の平成28年版賃金センサスでは、全産業平均で見ると次のような水準でした。このの賃金センサスは、おそらく日本最大のデータ量であると思います。このデータは、ネットで「賃金センサス」と検索すれば誰でも見られますので、興味があれば一度アクセスをお勧めします。日本の賃金実態が、小規模企業から大企業まで年齢別による、賃金・残業時間・賞与・年収まで分かってきます。

図表6の水準を、先ほどのB県の自治体と比べると、平均給料月額に関しては民間とあまり変わらない水準ですが、手当を含む平均給与総額は県庁に関しては1000人以上の大企業の水準にちかく、役場はその水準にちかづいているといった感じです。このように、日本の自治体の正規公務員の賃金水準は、大企業とほぼ変わらない水準なのです。自治体の職員の方は、あまり実感はないかもしれませんが、データで分析すると事実なのであります。

特に問題提起したいのは、自治体の正規と非正規との仕事内容は、この賃金格差ほどの開きがないにもかかわらず、賃金格差が民間の会社以上にあるのではないかということです。

安倍政権下では、「ニッポン一億総活躍プラン」に、「同一労働・同一賃金に向けた非正規雇用者の賃金改善」が掲げられています。同一労働同一賃金について考えるのであれば、自治体の非正規公務員の賃金水準も是正されてもよいのではないかと思います。

役場は、税金で成り立っているのだから、逆に正規・非正規とも人件費をもっと下げるべきではないか？　との意見もあると思います。読者の皆さんはどちらですか？

Aさんのケースでも、再任用で何年勤続しても賃金水準は変わらない事案でした。筆者は日常的に社会保険労務士の仕事を通して、いろいろな小規模企業の相談を受けますが、何年か勤務して成績が優秀であれば、それなりの昇給は小規模企業でもされています。

読者の皆さんも何年か勤務していればそれなりの昇給があったのではないでしょうか。

図表6　民間企業の企業規模別の平均支給額（男女計）

事業規模	平均年齢	所定内給与額	残業代を含む決まって支給する現金給与額
10人以上	42.2歳	約30万円	約33万円
10人～99人	43.6歳	約27万円	約29万円
100人～999人	42.0歳	約29万円	約32万円
1000人以上	41.3歳	約35万円	約39万円

資料出所：平成28年版賃金センサスをもとに著者作成

6 自治体こそ知られざる優良企業なみの処遇

社会は矛盾に満ちた、不合理なことは一杯あると思います。しかし、せめて我々の一番身近な自治体では、正規・非正規ともに納得のできる労働条件で働いてもらうことが、行政サービスを受けていく住民からすれば、結果的にはしっかりしたサービスの提供につながり、地域の発展につながっていくのではないかと思っています。なので、筆者は公正な視点でこの問題を考えていきたいのです。

このような視点で、さらに自治体の処遇について考えてみます。先ほども記載しましたが、日常的に社会保険労務士の仕事をしている関係上、いろいろな労務相談を受けます。よくあるのが、有給休暇の取得の問題です。この件に関しては、自治体は一概には言えませんがしっかり消化されているようです。

現在、民間企業の全国平均の取得率は、厚生労働省の平成26年度就業条件総合調査結果によると、労働者一人平均付与日数18・5日に対して労働者一人平均取得日数は9日であるようです。これに対し、平成28年国家公務員給与等実態調査によれば一般職の非現業の国家公務員約

24万人の全体平均で有給休暇の取得日数は13・5日となっており、民間よりも約4日多いことが分かります。

次に、処遇の面で、よく相談を受けるのが賞与・退職金です。一般的に自治体関係の賞与は、期末手当・勤勉手当として支給されます。民間の企業とあわせてまとめると**図表7**のとおりです。

以上の実態を見ても、地方公務員の賞与は大企業とほぼ同水準なのです。

これが非正規雇用の職員となるとゼロです。

平成26年　総務省「地方公務員各都道府県データ」から
B県（地方公務員）、退職金（60歳定年）
平均2400万円
平成25年　厚生労働省「就労条件総合調査結果の概況」から
1000人以上（事業規模）・大卒、定年退職給付（退職一時金と退職年金併用の金額）
平均2525万円

図表７　民間企業の給与平均

事業規模	平均年齢	所定内給与額	年間賞与
10人以上	42.2歳	約30万円	約89万円 （約2.9ヵ月分）
10人から99人	43.6歳	約27万円	約51万円 （約1.9ヵ月分）
100人から999人	42.0歳	約29万円	約81万円 （約2.7ヵ月分）
1000人以上	41.3歳	約35万円	約129万円 （約3.7ヵ月分）
B県の役場の水準	41.4歳	平均給料月額 約29万円	期末手当・勤勉手当合計で平均給料月額の約4.5ヵ月分
B県庁の水準	41.9歳	約32万円	期末手当・勤勉手当合計で平均給料月額の約5.0ヵ月分

資料出所：「平成28年版賃金センサス」、総務省「地方公務員各都道府県データ」（平成28年）などを元に著者作成

同じように退職金につきましても、正規公務員は大企業とほぼ同じような水準でした。

これも非正規雇用の職員となると何年勤続してもゼロです。

先程の賃金センサスで10人以上100人未満の賃金や賞与の実態を見ると、1000人以上の企業から比べると大幅にダウンしています。日本の企業の約8割は100人未満の中小企業です。これから考えると日本の大半の中小企業のサラリーマンは、自治体などの公務員の半分にも満たない賞与しかもらっていないのが、現在の日本の実態なのです。

読者の皆さん、このデータを見てどのように思いましたか？

現在、日本政府は、改正労働契約法の無期転換権をはじめ、非正規職員の正規職員への引き上げを、積極的に進めています。筆者も社会保険労務士の仕事を通して、会社でパートなどを正社員に転換したときに、国から助成金などが支給され、民間では正社員化が徐々に進んできていると感じていました。

しかしながら、今回の案件を通してみると、労働者の雇用改善を推進している国こそが、まさに公務員の非正規職員の雇用改善が必要であるにもかかわらず一番遅れているのではないかと思われてなりません。

これまで公務員というと、比較的恵まれた方たちとの認識でしたが、約3割から4割の非正規公務員の一部の方は民間より厳しい雇用実態であることを、理解していただけたのではないかと思います。まさに公務員の世界は、民間以上に格差があるのです。

逆にいうと、非正規公務員を増員することで人件費を抑制しているとも言えます。また、このような現実を理解して自治体等での非正規公務員の応募に応じる必要があるのではないかと思います。新卒で大学を出て、採用されてきた職員と非正規で採用された職員とで格差があって当たり前と言えばそれまでですが、その格差にも限度があるのではないでしょうか。

ただし、2020年4月の改正地方公務員法・地方自治法により、いくらか処遇改善が一歩進む可能性がでてきたと思います。

2章

自治体での非正規公務員の実態。非正規は使い捨てか？

1 雇用条件の内容

前章では、自治体の正規職員の賃金水準などを解説しました。

前章のような正規職員の賃金水準であれば、いつの時代も若者は公務員を目指すと思うかもしれませんが、バブル時代は自治体へ就職を希望する大卒の就活生はほとんどなく、みな一流有名企業に就職したものです。

当時、地方公務員の初任給は、一流企業の6割か7割でした。ところが、一転不況になると、公務員がいつの時代でも人気の職業となるようです。

ところで、公務員の世界は国家公務員と地方公務員とに区分され、国家公務員はさらにキャリアとノンキャリアに、地方公務員は県職員と市町村職員とに区分されています。なので、同じ公務員ですが、意識はかなり違うようです。

このような、公務員で構成された役場の世界にAさんは非正規の特別職の非常勤嘱託職員として勤務されたわけです。

読者の皆さんの中にも、役場にこれから非正規として勤務することを考えている方もいるかと思いますので、Aさんのケースをベースにして解説していきます。

「**雇用条件**」

①**勤務時間**
　午前9時から18時まで（月曜から金曜日）
　※お昼1時間の休憩で勤務時間1日8時間
②**時間外手当**　なし
③**年次有給休暇**　採用後1年目に10日間あり、上限10日として年次有給休暇として次年度へ繰り越しがあり、最大取得可能日数は20日である。
④**病気休暇**　90日以内とし無給とする。
⑤**賃金月額**　17万円とする。
⑥**雇用期間**　平成24年4月1日から平成25年3月31日までとする。
⑦**賞与、諸手当、退職手当**　なし

これがAさんが役場から提示された労働条件です。雇用契約書はなく、あるのは面接結果通知書における、簡単な採用条件の記載と**図表1**のような辞令書があるのみです。

図表1　Aさんの辞令書

辞　令　書

氏名	OOOO

OO町事務局嘱託員に任用する

雇用期間は平成24年4月1日から平成25年3月31日までとする。

賃金月額は170, 000円を支給する。

平成24年4月1日

OO町教育委員会

公務員の採用は、古くからの「お上意識」から任用といった採用方式になっています。

この辞令書を見ると、雇用期間は平成24年4月1日から平成25年3月31日まで、賃金は月額17万円を支給するとなっています。これが非正規公務員の任用方式なのです。

仮に、民間の会社が法律を順守して、同じ労働条件の雇用契約書を作成すると**図表2**のような契約書が必

図表２　雇用契約書

雇用契約書

契約期間	自平成24年 4月 1日　至平成25年 3月 31日	
就業場所	○○役場	
従事すべき業務の内容	一般事務補助	
勤務時間	始業・就業の時刻	午前9時 00分　より 17時00分まで
	休憩時間	12 時 00分 より13 時00分まで
休日	日曜日・国民の祝日	
賃金	給与区分	月給
	基本給	月給　170, 000　円
	諸手当	なし なし
	割増賃金率	労働基準法に従い支払う。 実働8時間を超えたら法定時間外25%など
	社会保険加入状況	社会保険 （協会けんぽ・厚生年金加入） 雇用保険 加入 労災保険加入
	有給休暇	労働基準法に従い与える。
	その他条件	賞与 （無）　昇給 （無）　退職金 （無）
	締切日／支払日	毎月20日 締切 ／ 当月25日 支払
	更新条件	無 （更新はしない） 有 （本人の能力等を総合的に勘案して、更新することがある）
その他	労働契約期間中に自己都合退職で退職するときはおそくとも14日までに、役場に報告し承諾を得なければならない。役場の職員としての適格性にかけるときや、職員に関する規定の免職理由に該当するときは、任用期間中でも免職することがある。雇用管理の改善等に関する事項の窓口は課長とする。	

平成24年 4月 1日

職員 氏名　労働 提子　㊞
所在地

事業主 名称　○○役場
氏名　○○町長　㊞

要になります。

この辞令書と雇用契約書を比較したとき、どこが問題になるでしょうか？　最大のポイントは有期契約における更新条件の有無です。Aさんは口頭では3年更新と聞いていましたが、辞令書は1年の契約でした。

ただし、職員規則をよく読むと任用の更新は3年を限度と記載はありますが、更新について、しっかりした説明はありません。更新があるのかないのか不明なのです。民間であれば、サンプルの雇用契約書のように1年で期間満了で更新はあるとか、ないとか明示されているのが一般的です。

ところが、役場のケースでは任用という考えから、とりあえず1年は雇用しますといった感覚なのです。

これが、実際の採用時の場面になります。なので、当初3年といいながらも1年でも期間満了となり得るシステムであることが分かります。

2 残業代は支払わない？

次に、考えたいのは雇用条件「時間外手当なし」の項目です。Ａさんはこの条件を見て、役場は時間外の仕事はないと思ったそうです。筆者もいろいろな会社の顧問をしていますが、時間外手当はありませんといった労働条件を明示している会社を見たことがありません。時間外手当はないのだから、時間外勤務がなければ、問題ないことですが、Ａさんのケースでは２年間で約１２００時間、月平均で約50時間ほど時間外の勤務をしてきたそうです。

しかし、給与明細の時間外手当の欄に金額は記載されることは一度もありませんでした。このことを同期の人に相談すると、その役場では以前から、時間外勤務をしてもしていなかったことにして、勤務表を提出しているようでした。

Ａさんはそれはおかしいと思ったので、勤務表は時間外勤務時間も含めて提出してきたようです。

しかし、一度もそれに対する手当が支払われることはありませんでした。それに対して、役場の非役の正規職員については時間外手当はしっかり支給されているようでした。

読者の皆さん、これをどのように考えますか？　税金で支払っているのだから、残業代など当然支払わなくてもいいと思われた読者もいるかもしれません。

ただ、ここで筆者が強調したいのは、時間外手当が支払われないのは、非正規の職員であるということです。年間約4ヵ月分も賞与をもらっている役場の正規職員であれば読者の皆さんが思うような気持ちも分かりますが、立場が不安定な非正規職員であるということです。

3 ボーナスや退職金はなし？

次に、ボーナスや退職金について考えてみたいと思います。採用条件には「賞与、諸手当、退職手当なし」となっています。これに関しては、民間の非正規雇用でもこのような条件で採用している会社も多く、読者の皆さんもあまり違和感はないかと思います。

ここで問題になるのは、正規公務員と非正規公務員との仕事内容の格差が、民間レベルと比較してどうなのかということです。正規公務員との仕事の置き換えが進展している中で、非正規公務員の方が正規公務員よりも質的・量的にも多く働いているといったことを近年耳にするケースがよくあります。

一生懸命に働いている方の賃金が、働きの悪い正規公務員よりも低ければ、不満がたまっていくのは自然の流れです。筆者も社会保険労務士として色々な会社の顧問をしていますが、今回の事例の役場ほど、賃金と仕事内容において正規公務員と非正規公務員との仕事の能力格差は感じないというのが実感です。

4 役場には売上目標がなく、仕事に情熱を感じている人は少ない？

役場では職員はどのような仕事をしているのでしょうか？　住民票などの各種証明書の発行や、住民税の諸手続などをしているといったイメージではないかと思います。

調べてみると総務課、税務課、建設課、水道課、教育課、福祉課、産業課など我々住民の生活に関することをやっているようです。

このような仕事内容であれば、本当にやりがいのある仕事だと思います。しかしながら、民間と自治体の働くことへの考え方の大きな違いは、次の二つがポイントになります。

①民間は利益を上げなければどのような大企業でも倒産

②自治体は利益を上げなくても倒産することはない

ここに民間と自治体との労働者の勤務意識の違いが出てきてしまうのだと思います。Aさんの言葉が今でも耳に残っています。

「役場の職員の働いている人の目がサバの目のように死んでる方が多い」

ここで、人間のモチベーションを考えるうえで大変参考になる学説を一つ紹介します。

マズローの欲求五段階説（一段目の欲求が満たされると、一段階上の欲求を志す）

労務管理を考えるうえで、大変参考になるアメリカの有名な心理学者アブラハム・マズローの欲求五段階説を紹介します。読者の中には既知の方も多いと思います。それほど有名な学説でいろいろな分野で活用されています。この学説は労務管理を考えていくうえでは、ベースに

図表3　マズローの欲求5段階説

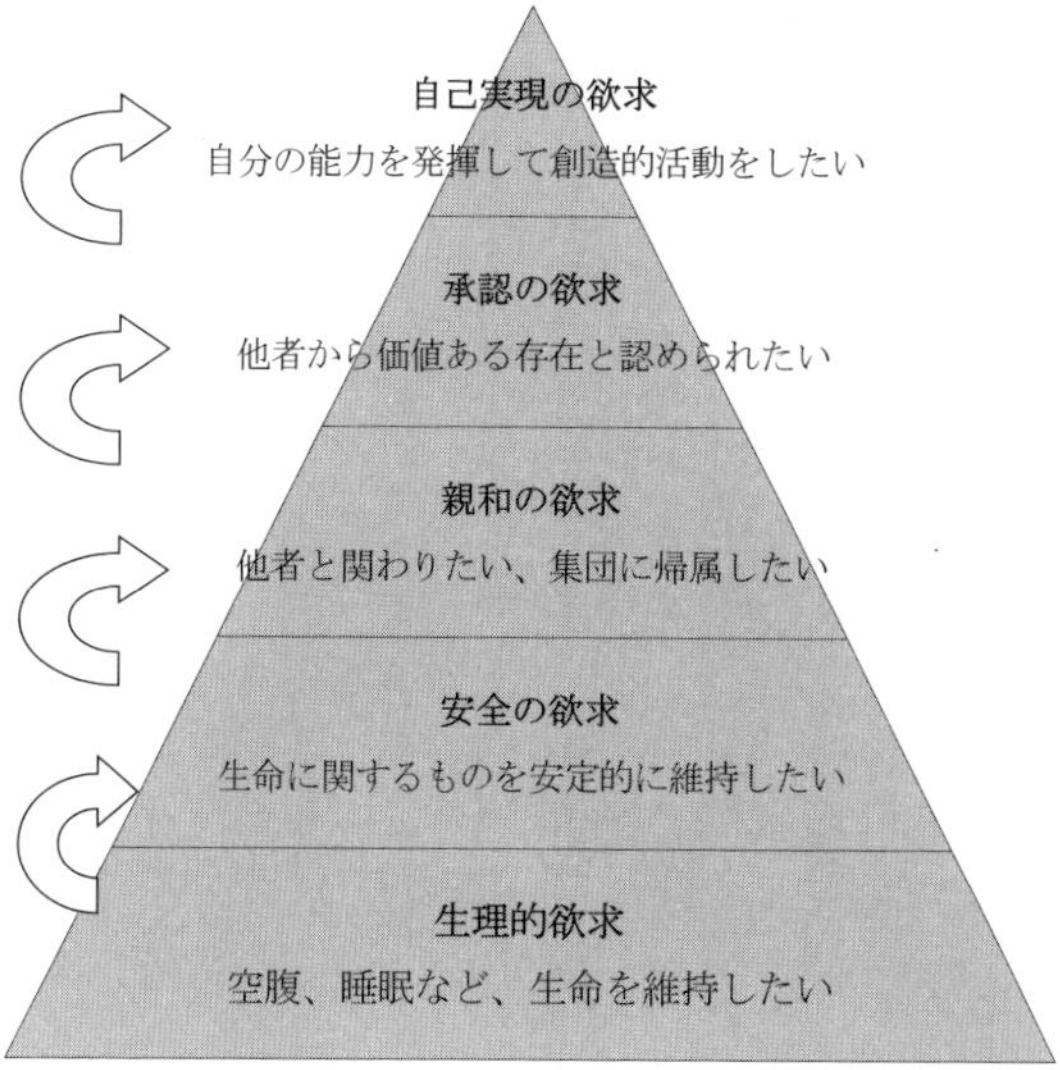

なるので、大変参考になります。なので労務関係の本の出版の際には毎回紹介しています。

マズローが唱えた欲求五段階説では、**図表3**のように、人間の欲求は五段階のピラミッドのようになっていて、底辺から始まって、一段目の欲求が満たされると、一段階上の欲求を志すというものです。生理的欲求、安全の欲求、親和の欲求、承認の欲求、自己実現の欲求となります。

まず、生理的欲求と安全の欲求は、人間が生きるうえでの衣食住等の根源的な欲求です。労務管理でいえば、失業していた人が、やっと就職できたとかいう状況であります。したがってこの段階の人はとにかく給料がいくらもらえるかが、一番重要な課題になります。

その欲求が満たされると次の欲求である親和の欲求は、他人と関わりたい、他者と同じようにしたいなどの集団帰属の欲求です。この段階の人は役場で言えば、入社3、4年目の職員が該当してきます。

先輩職員に早く一人前に認められたいと考えている状態です。また、給料などの水準は、他の自治体並みの水準かどうかなど、賞与はどれくらいかなど気にしてくる段階で、モチベーションアップには給料だけでなく、仕事に権限や、達成感を与えるなどの取り組みが必要になってくる段階でしょう。

そして、その段階も達成すると、次の欲求は、承認の欲求と言われるもので、自分が集団から価値ある存在として認められ、尊敬されることを求めてくる、いわゆる認知欲求が起きてきます。役場でいえば、仕事もベテランになり、課長、部長といった地位に目覚めてくる段階です。ですから、この段階の職員さんはお金よりむしろ役職がモチベーションアップに影響を与えるのではないかと思います。

最後に、この段階の欲求も達成すると、人は自己実現の欲求という、自分の能力・可能性を発揮し、創造的活動や自己の成長を図りたいという欲求に成長してきます。労務管理で言えば、自分に権限を与えてもらい、あるプロジェクトをやり遂げるなどになると思います。

この段階ではお金よりむしろ仕事のやりがいがモチベーションにつながってくるのではないでしょうか。労務管理は、このような大局的な視点で、この職員にどの段階の刺激を与えればやる気が起こるかを考えてやらないと、ただ給料だけをアップしても効果がある人とそうでない人がいるということを考えながら、総務担当者は労務管理全般のことを考えていかなければなりません。

筆者の労務管理での考え方の一つとして、大変参考になる名言がありますので、紹介したいと思います。

「人は誰でも幸福になる資格があり、幸福をつかむかどうかは自分次第、これが私の信条だ」レイ・クロック　マクドナルドの創業者

『成功はゴミ箱の中に』プレジデント社

どうですか？　誰でも最終的には自己実現を達成し、幸福になりたいんですね。これが人生の真実だと思います。

マズローの欲求五段階説はシンプルで大変分かりやすいのが特徴かと思います。

筆者の顧問先で好業績の会社社長さんとお話しすると、社長さんが意識しているかどうか分かりませんが、マズローの欲求五段階説のステップをうまく応用して職員さんを育成しているなと思うことがよくあります。

このことを、Aさんのケースで考えると給料などの雇用条件が改善されない契約により、雇用条件の改善という欲求が満たされないので、基本的に非正規職員は、1番目の生理的欲求か安全の欲求の段階より、さらなる上のステージに上がっていくのは大変厳しい職種であることが分かります。

これに対して、前に「サバの目をしている」と表現しましたが、筆者の考えでは、自治体関係の正規職員は大半が自己実現の欲求まで考えず親和の欲求か承認の欲求どまりで、職業人生を終えるのではないかと思います。

利益の追求という世界がなく、民間のような競争の原理があまり働かない職場なので、目標感が希薄になり、人生に生きがいを見つけにくい方が民間の職場よりも多くなってしまうのではないかと思います。なので目つきがそのような印象をAさんに与えてしまうのだと思います。

このようなマズローの欲求五段階説の視点から考えてみても、非正規公務員という職種は、何年も頑張ってみようと思っている方にとっては欲求のレベルアップは大変難しく、民間以上に厳しい職場であるということが実感できます。

5 3年か1年の期間雇用がほとんど

この節では今回の相談のポイントの一つである雇用期間について考えてみたいと思います。

Aさんは、採用時において3年で更新がありますと口頭で聞いていましたが、この役場の規定には次のように定められているのです。

（任用期間）
非常勤嘱託職員の任用期間は、１年を超えることができない。但し、非常勤嘱託職員が適格性に欠けることなく、勤務成績・勤務意欲が良好で、継続勤務に意欲があり、更新が適当であると認められる時は、３年を限度に更新することがある。

いかがでしょうか？　実際には3年更新ではなく、1年更新の3年満期の任用なのです。しかし、現実には3年満期で、大半の職員は再任用に至っているので、安易に口頭で3年更新などと表現されているのではないかと思います。

ここで問題なのは、1年更新・3年満期で原則再任用はないことが、応募条件として明確にされていないことです。このようなことは、職安からの紹介で民間に就職したときなどは、募集条件が相違していると問題視されてもおかしくないわけです。

非正規公務員の再任用時におけるトラブルはこの辺の採用時における労働条件の明示がしっかりされていないことに、多くの原因があると思います。

Aさんのケースでも、再任用であり、更新ではないということが、しっかり採用時に説明されていれば今回の労働問題にまで発展しなかったのではないかと思います。

しかしながら、現実には同期のその他の5人は全員再任用されており、Aさんのみが再任用されなかったのです。再任用されなかった原因を役場の担当者に聞いても、その答えは、「再任用試験の結果が悪かったからです」という回答しか返ってきませんでした。

Aさんの見解としては再任用された職員以上に仕事をこなしており、再任用の面接テストでもその他の職員と比較しても再任用されないほどの悪い面接結果ではなかっとと確信をもってお話しされていました。真の理由はどうであれ、役場の非常勤嘱託職員の任用というのは、そのほとんどが、1年または6ヵ月更新の3年満期で任用は原則終了するのだということを理解していただきたいと思います。

6　期間満了で更新しない時、事前に理由説明がないのはなぜ？

この節では、期間満了時に再任用されないことをさらに深く考えてみたいと思います。民間の会社であれば1年を超える期間満了で更新しないときは1ヵ月前までに更新しないことを職員に明示しておくことが雇止め告示（有期労働契約の締結、更新及び雇止めに関する基準）第2条に労働関係法令等のガイドラインとして義務規定ではありませんが定められています。

今回の事例がもし、民間の会社であれば1年を超えて勤務していますので、更新しないときは、30日前までに予告しなければならないという努力義務があります。

ところが、3年満期の再任用という名のもとに、実態は3年更新でありますが、面接結果が悪かったからということだけで、処理されてしまっているのです。Aさんも当然再任用されると思っていました。同期の方が一人でも再任用されなければ納得できる話ですが、その他の同期の5人は全員再任用されているのです。

しかも過去10年間の事例でも1回目の再任用で任用されなかった方はいなかったとのことであります。実際の職場でも当然再任用されるものとしての扱いであったとのことでした。それにもかかわらず、単にその他の職員の面接よりも評価が悪かったからという理由だけで、過去3年間の仕事ぶりが悪かったからとかいうこともなく、単に面接結果が悪いからという理由で処理されているのです。

かりに、仕事ぶりが悪いとか、住民からの苦情が多いからなどという理由であれば、ある程度納得できますが、Aさんにおいてはまったく納得できるものではなかったのです。

読者の皆さんがもし、このような扱いを受けたとしたらどのように思いますか？　誰でも不信感をいだくのではないでしょうか？　これまでの再任用の実態を考えれば誰でも期待してしまうでしょう。この「期待してしまう」という期待権というものが、後ほど記載する裁判時の争点の一つになってきます。最近の判例でもこの期待権は認められつつあります。

Aさんとは別の方も……

この役場では、Aさんの事例の2年前に、3回目の再任用試験において再任用されなかった方がいました。役場の担当者にどうして再任用されなかったのか聞きに行きましたが、何も教えてくれなかったとも聞きました。

この方は9年間も勤務していました。ところが何の納得できる説明もなく、再任用しなかったのです。まったくひどい話であります。同様の事態が全国の職場で起きているのではないかと思っています。この方は結局泣き寝入りでこの問題は解決しているわけです。

この問題を考えるとき、仮に3年満期で再任用する予定のない職員であれば、役場側が3年期間満了のせめて1ヵ月前までに「残念ですが、あなたは再任用を希望されてもコレコレシカジカの理由で任用できません」というように通知をされていれば、Aさんのようなトラブルにまで発展してくることはなかったのではないかと思います。

そうしたこともなく、再任用の試験を受けさせて、「面接が悪かったから任用できませんでした」とは、真剣に役場で仕事をしていきたいと考えている職員にはなかなか納得しがたいことではないかと思います。

役場側から見れば、再任用できないと事前に通知することによる労務トラブルより、再任用の結果が悪かったからとした方が、労務トラブル防止という点ではより安全であるからかと思いますが、受ける側から見ると冷たい血の通わない対応であると言わざるを得ないと思いました。

筆者も顧問先の社長さんから「1年の期間満了がきたけれど、更新しないことにしたので1ヵ月前に更新しない理由とその旨を伝えれば問題ないか」などの、相談がよくあります。更新したくない従業員も当然いる訳でそれはそれで更新しないで雇止めということは、民間でもよくある話です。

ところが今回のケースでは、公務員の任用制度という名のもとに、再任用の面接まで受けさせてある程度期待させて、いきなり、「再任用しません」と明確な理由もなく不意打ちのような形で通知された訳です。誰でもしばらくは心の整理がつかなくなると思います。その雇止めのやり方は問題があると思います。

なので、今後再任用のトラブル防止のために、役場などの労務担当者にお願いしたいのは、再任用のできない職員のときは、事前に再任用しないことを職員に通知するか、再任用面接の結果ダメであったとしても、今まで何年も勤続してきた職員なので、どのような理由で面接結果がダメだったかなどのことを本人に連絡するなど、配慮ある対応が重要な取り組みの一つになるのではないでしょうか。

3章

不当な雇止め・未払い残業にどう戦うか?

1 自分で戦うか、一人ユニオンで戦うか、弁護士で戦うか

この章では、前章のような処遇をうけたときに、納得できないのであればどのように戦うかについて紹介します。

このようなときに、筆者が特定社会保険労務士であるということもあり、Aさんが、他県からわざわざ相談にこられたのです。筆者も民間の労働問題は顧問先からもよく相談を受けますので、ある程度理解しているつもりでしたが、この公務員の労働問題については全く別世界の労働問題だと思い知りました。

おそらく、筆者のように社会保険労務士の業務を日常的にこなしている人でもなかなか知らない世界ではないかと思います。なので、この本を通してご理解していただける方が一人でも多くなれば著者としてこの上ない喜びです。何も役場を責めているのではなく、役場がもっと開かれた職場となり、そのことが我々住民にとっても地域が発展していくキッカケの一つにつながっていけばとの思いです。

ではもし、あなたがAさんのケースで戦うとすればどのような行動を取られますか？　次のような選択肢が一般的かと思います。

①　**全国各地にある労働局及び労働基準監督署内にある総合労働相談コーナー**
（労働条件、いじめ、募集・採用などの労働問題について労働者・事業主からの相談を専門の相談委員が面談または電話で対応してくれる）

②　**労働局などにある紛争調整委員会によるあっせん**
（前記の総合労働相談コーナーの窓口でなどで相談を受けた労働者と使用者との間に関する労働問題（採用・募集を除く）の紛争解決に向けてあっせんを実施する。費用は掛からない制度。但し、原則非正規などの公務員は制度の適用はない）

③　**労働審判**
（労働者と事業主との間に生じた労働問題に関する紛争を裁判所において、原則3回以内の期日で、迅速、適正かつ実効的に解決する制度）

④　**民事訴訟**

（あっせん、労働審判などでも解決ができないときは裁判所に訴訟を申し立てる）

⑤　**労働組合**

（労働者が主体となって労働条件の維持改善その他経済的地位の向上を図ることを主たる目的とした団体又はその連合団体を言う。これらの労働組合の組合員になることによって、労働組合の代表者や組合の委任を受けた者に、労働協約の締結その他の事項に関して交渉する権限を与え、労働問題の解決を図る）

⑥　**弁護士や特定社会保険労務士などに相談して解決を図る。訴訟に関しては弁護士に相談**

以上が労働問題を解決するために考え得る一般的な選択肢です。

多くの人は、⑥の弁護士をイメージしていたと思いますが、①、②といった、労働基準監督署のような行政機関を最初に利用することをお勧めします。なにしろ費用が掛からないので安心して相談できます。

この①から入っていくのが、多くの民間の労働者のケースですが、Aさんのような、雇止めの相談で公務員となると、監督署での相談は難しいでしょう。仕方なく公務員であるので人事委員会に相談すれば、「あなたは、特別職非常勤職員なので地方公務員法は適用になりません」と言われてしまうと思います。

それではどうすればいいのか。⑤の労働組合に相談することも選択肢の一つです。

公務員であれば労働組合として自治労（全日本自治団体労働組合）が有名ですが、非正規公務員のケースですと、その役場に非正規公務員を加入員とした自治労の組合があればよいのですが、なかなかないのが現状です。

また、労働組合の中には近年、合同組合とか地域ユニオンなどという、労働者が一人でも加入できる労働組合があります。企業の枠を超えて組織されており、正規社員だけでなく、パートタイマー、派遣労働者なども加入員となることができます。したがって、Aさんのようなケースでも、この組合員となって役場との団体交渉をしていくといったことも考えられます。

一般的に言えることは、⑤労働組合の選択は雇い止めなどに対して継続してその職場で働きたいといったときには、有効な選択肢の一つではないかと思います。

Aさんのケースでも労働組合員となって、団体交渉も考えましたが、地元のある労働組合では、案件が厳しいと思ったのか、弁護士に依頼することを勧められました。

それでは選択肢⑥の弁護士や特定社会保険労務士への相談はいかなるものであるかです。訴訟となると弁護士への相談となりますが、そこまでいかない予防的な労働相談であれば、特定社会保険労務士などに相談すれば、ケースによっては、②の紛争調整委員会のあっせんの代理人まで依頼することが可能です。あっせんで解決しないで、③の労働審判とか④の訴訟となれば、当然弁護士に依頼という流れになります。

もちろん、あっせんや訴訟など誰も依頼しないで、たった一人で戦うこともできない訳ではありませんが、現実問題大変厳しいものがあるでしょう。

以上簡単に解説しました。詳細は省きましたが、簡単なイメージはつかめたかと思います。

2 裁判か調停か労働審判か？

この節ではいろいろな選択肢のなかで、どの選択をとるべきか、考えてみましょう。民間の労働問題であれば前節で解説したように労働局のあっせんなどをとおして解決しなければ、労働審判とか裁判になってくるかと思いますが、非正規公務員のケースでは、労働契約法とかパート労働法などの法律が適用にならない職種であり、なかなか難易度の高い案件ということもあり、Ａさんのケースでは、労働審判か裁判にストレートに持ち込んで解決したほうがよいのではないかとアドバイスしました。Ａさんもいろいろ考えたようですが、その方向でいくことになりました。

そこで、弁護士を紹介してほしいとのことになり、これから先は弁護士に依頼することになりました。

その結果、最初内容証明を送り、解決に結びつかない内容の回答がくれば裁判訴訟という流れで進んでいくことが決まりました。

裁判訴訟か労働審判かの大きな違いは労働審判は非公開であり、３回ほど裁判所に行けば終わりますが、裁判訴訟となると、公開され、場合によっては新聞記事になって報道される可能性もあります。

そして解決にも時間がかかります。読者の皆さんでしたら、どちらを選択しますか？　訴訟か労働審判か迷うところかと思います。

図表１　労働審判によるトラブル解決の流れ

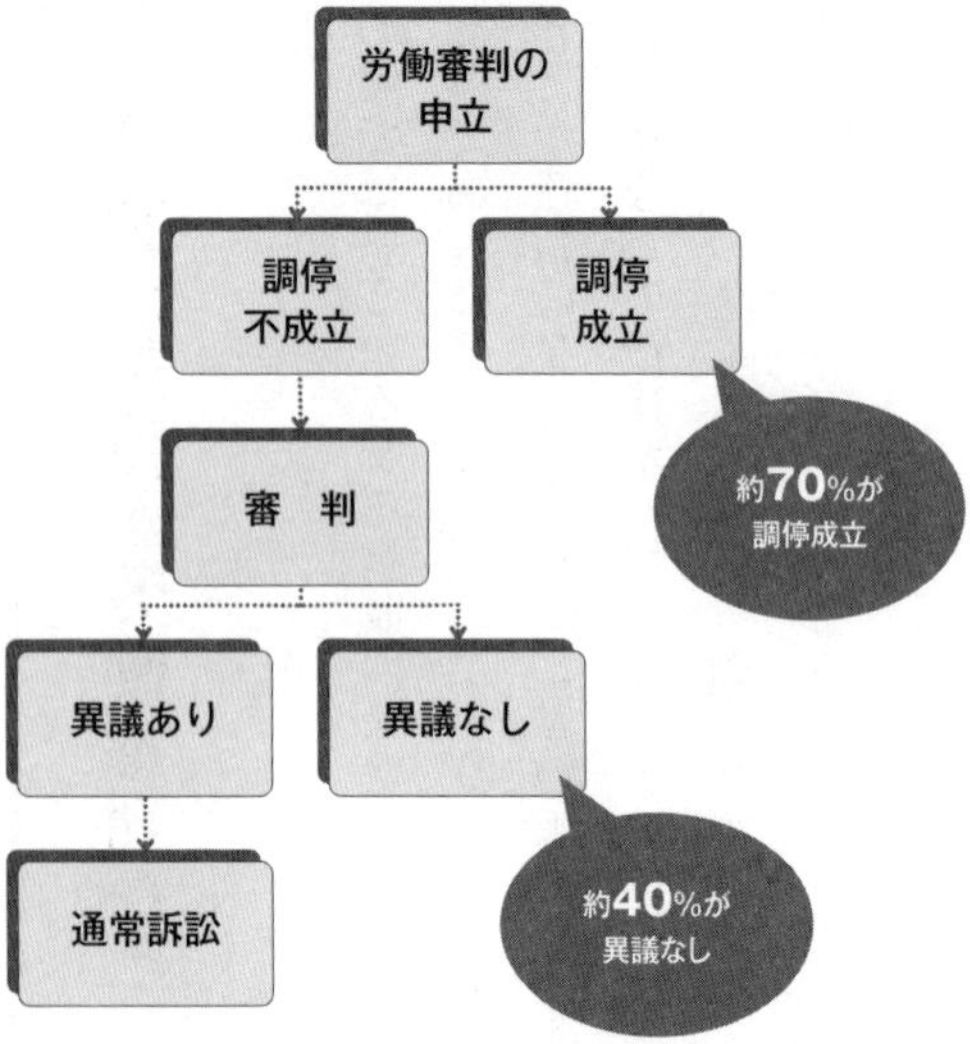

実務的には労働審判の選択で解決しているケースが多いと聞きます。なんと言っても短期間で解決できるというメリットがあり、不服であれば最終的には訴訟裁判で解決ができるという手段が残されています。

労働審判で全案件の約８割は解決しているようです。この労働審判によるおもな流れは**図表１**のようなイメージです。非正規公務員のときは原則労働局のあっせん制度は利用できないようですので、この労働審判が取り組みやすい対策の一つではないかと思います。

3 果たして役場に勝てるのか？

裁判に移行して、大半の方は「勝てるのか？」と疑問に思うかもしれません。

実際Aさんのケースは、受任した弁護士の方も、かなり難易度が高い案件であると話していました。ザックリ6〜7割は負ける可能性が高いとのことでした。

今回の事例に関連した判例を一つ紹介したいと思います。

●「中野区（非常勤保育士）事件」東京地裁判決　平成18年6月8日
争点：再任拒否を受けた地方自治体非常勤職員である保育士らの地位確認、期待権侵害を理由とした損害賠償等が認められるか。
事案概要：期間1年の任用を10年以上にわたって継続されてきた公立保育園の非常勤保育士Xらが、再任拒否に対する地位確認と賃金支払い及び期待権侵害を理由とする損害賠償を請求した事案。

東京地裁は、Xらは地方公務員法3条3項3号に定める「臨時又は非常勤の顧問、参与、調査員、嘱託員及びこれらの者に準ずる者の職」に当たる特別職にあったものであり、同職員は法律に特別に定めがある場合を除いて地方公務員法の適用を受けないとされるものの、原告らの地位に関する原告らと被告との関係は、私法上の雇用関係ではなく、公法上の任用関係であるから、Xらの地位は任用行為の内容によってのみ決定されるのであり、期間を1年として任用されている以上再任を請求する権利はなく、したがって、地位確認及び再任拒否日以降の賃金支払い請求には理由がないとしてXらの請求を退けました。他方、損害賠償請求については再任用の期待を抱かせながらXらを再任用しなかった点についての責任を認め、一部認容しました。

その後、東京高裁において、長年勤務してきた非常勤職員の雇用継続に対する期待権侵害の重大さを認めさせ、賃金1年分相当の損害賠償命令を引き出しました。また、解雇についても、地位確認こそ認められなかったものの、中野区が行った雇い止めは実質的に解雇権濫用が類推適用されるまでの違法性があることを認める判断を引き出し、中野区をして上告を断念させる画期的な勝利判決となっていったのです。最終的には、東京都労働委員会において、中立人公共一般労組と中野区との間で、あっせん和解が成立しました。そして原告4人全員とも職場に復帰しました。

いかがでしょうか？　このような勝利判決は異例であったかと思いますが、裁判所の考えなど、この問題に対する一般的な考え方が理解できたかと思います。

この判決で注目すべき視点は、期待権です。任用であるため、法律が変わらない限り再任用されないことをひっくり返すことはなかなかできないと思いますが、この期待権における民事上の損害賠償を認めさせる可能性が十分出てきた判決の一つではなかったかと思います。

4 セクハラ・パワハラなどがあったときは、隠し録りで相手の言っていることを録音しておく

前節で、再任用拒否に対する考え方など、裁判例などを踏まえて分析してきましたが、それと同時にパワハラといったこともAさんのケースでは生じていたようです。セクハラ・パワハラの難しさは、受けた人の感じ方次第で、まったく違ってくるところです。

かりにある女性が好きな上司から「かわいいね」とか食事を誘われたときなど、好きな人か

ら言われればセクハラではなく、嫌いな人から言われればセクハラと言われかねない性質の問題だからです。

また、言った、言わないなどと、なかなか証拠が残せないケースが多いのが現実です。なので個人的な見解ですが、自分がセクハラと感じるようなことが日常的にあれば、その会話など録音しておくべきです。会話の録音は重要な証拠の一つになってきます。

ちなみに、筆者の顧問先の社長で、パートの女子工員さんに抱きついたとかで、セクハラの裁判になり約200万円支払って和解した社長さんがいました。このようにセクハラなどは、前節の公務員の再任用拒否の案件などからみれば、労働者側がいくらか有利な判決にいたるケースが多いと考えます。

なので前述の会話を録音しておくというセクハラ対策は大変効果がある方法の一つです。

筆者は、社会保険労務士として開業する以前は、ある生命保険会社の拠点長をやっていました。職員約50名のうち男性は4、5人しかいないような職場でした。なので、日常的に叱ったり褒めたりと職員のやる気になればと様々な取り組みをしたものです。そのなかで経験した事実として、職員のことを本当に思って叱ったことなどは「パワハラ・セクハラ」などとは言われたことはなかったと思っています。ただし、惰性や単なる感情からくる叱りに対してはよく、それはパワハラだとかセクハラなどと言われたものです。

このように生命保険会社に約22年間いましたが、セクハラ・パワハラかの感じ方は、該当者の心がどうであったかで違ってきます。

Aさんも役場での仕事のなかでセクハラ・パワハラと感じるものが多かったということは、上司がいかに部下の気持ちが分かっていなかったということにもつながってくるのではないでしょうか。

5 残業などは、こまめに勤務時間などを手帳などに記録しておく

実は、Aさんにはもう一つ大きな問題がありました。それは未払い残業です。ザックリ過去2年間で１２００時間ほどの残業を強いられていましたが、1円も支払われていなかったのです。この問題は役場だけでなく、民間の会社でもよくある話であり、読者の皆さんも大変興味深いのではないかと思います。

基本的に、労働基準法では1日8時間を超え、1週40時間を超えて働かせてはならないとな

っています。したがって、それ以上働かせているときは、事業主はその労働時間に対して1・25倍の割増賃金を支払う必要があります。例えば、午前9時始業でお昼1時間休憩であれば午後6時以降の勤務は割増賃金の対象になります。

仮に毎日1時間、Aさんのケースで1ヵ月22日間の勤務日数であるとすれば、残業代は1時間単価が17万円÷(22×8)×1・25＝1207円になります。1ヵ月で1207×22＝2万6554円、そして1年では2万6554円×12＝31万8648円となります。Aさんのケースでは約1200時間の残業時間なので約145万円となります。残業代などの賃金請求の時効は2年間なので、最大2年分の請求が限度となります。

このように残業代は過去2年分さかのぼって支払わなくてはならなので、経営者としては大きな痛手です。

それでは、このような未払い残業をどのような証拠によって請求するかが問題になります。一般的にはタイムカードがあれば、そのコピーなどがベストですが、なければ手帳などに日常の勤務時間などが分かるような記録があれば、証拠としては使える材料の一つになります。筆者の顧問先の工務店の社長が未払い残業ということで裁判に至り、約250万円の解決金で解決しましたが、このような裁判では労働者側が有利に解決しているケースが多いようです。

このように未払い残業は証拠があれば比較的裁判等では勝利できる案件の一つです。

ただし、Aさんのケースでは役場、役所が相手なので公務員法との関係性のなかでどのようになるかがポイントになってきます。

4章

Aさんの雇止め・未払い残業が訴訟に至った流れ

1 採用から日常の仕事について

この節ではAさんの採用から日常の仕事について考えてみたいと思います。

非正規公務員の仕事といっても一般事務・保育士・看護師・教員・給食調理員など様々な職種に分かれます。Aさんは一般事務職で役場の出先機関の事務を担当することで採用になったようです。

筆者も今回の案件で分かったのですが、役場で気を遣う順番は、議員・町民そして上司になるようです。議員に一番気を遣うというのは意外な事実でした。このような優先順位があることを知っておくことは、役場の仕事を知るうえでは重要なポイントになるようです。

なお、これらはAさんからのヒアリングに基づく話であり、実際に筆者はその役場に勤務した経験がないので、あくまでも一人の非正規公務員の物語であると思って気軽に読んでいただきたいと思います。

出先機関の事務職というのは、基本的には館長が上司になります。また、それと同時に町内の町会長も関わってきます。出先機関の事務処理以外にも役場とか町会主催の毎年の夏祭りや文化祭など様々な行事のお手伝いもします。このような出先機関としての事務的な仕事が非常勤嘱託職員であるAさんの業務です。

したがって、出先機関に来る住民への対応や、役場の行事のお手伝いなどその業務は多忙で毎日気が抜けない仕事だったようです。

また、業務が多忙なため、いやがおうでも毎日1時間か2時間の残業は当たり前であったようです。

2 パワハラの始まり

Aさんは、日々の業務に追われるなか、ある館長の時に膨大な仕事を指示されました。その他の業務に手が回らない状況にあるにも関わらず、一方的に命令してきたとのことでした。

あまりにも、無理な依頼であったため、「これだけの業務はこなせません」と反論したところ、腹が立ったのか館長が「あなたはもう退職になる」とか「転勤になる」とか、言ってきたそうです。そして、町民の方にことあるごとに「うちの事務員さんは能力がない」といった陰口を言われるなど、まさにパワハラを受けたとのことでした。

また、出先機関に関連する団体の役員間で不適切な男女関係のうわさが立つことなどを防止するために注意すれば、それに反発してことあるごとにAさんはその関係者からいじめに近い扱いを受けてきたということでした。

このように、Aさんは筆舌し難い苦しみを日常的に役場関係者から受けていたようです。ある日泣きながら帰ってきたAさんを目の当たりにしたご主人は、その当時から怒りを感じていたと話していました。

聞くところによると、Aさんの再任用の面接直前に、これらの人たちが役場に対して根も葉もない苦情を言っていたことが後に分かってきました。Aさんは正義感が強く、間違ったことができない性格だったため、このような人たちが何故平気で嘘をつくのか残念であったようです。

ここで考えなければいけないのは、役場で気を遣う順番は議員の次に町民なのです。なので、町民からの苦情は役場としては極力避けたいのです。

3 役場への苦情の始まり

前節で苦情について触れましたが、役場には毎日いろいろな苦情がくるようです。Aさんのケースでは、事務員の服装が派手だとか文句を言われたり、選挙活動などしていないのに選挙活動をしているとか、とかく、根拠のない苦情が、再任用までの時期に特に多かったようです。再任用されなかった本当の理由はこのようなことも原因の一つになっていたのではないかとも思ったようです。

今になって思えば、そのような苦情が役場に入っていれば、その都度このような苦情がありましたといった連絡をしてほしかったとAさんは語っていました。また、苦情内容が真実かどうか確認するべきではないかとも言われていました。

仮に、このような苦情が原因で再任用されなかったのであれば、納得できたかもしれなかったようです。

しかし現実には、このような話は全くなく、その他の同期が全員再任用になっているにも関わらず、「あなたは再任用の面接結果が悪かったから再任用にならなかったのです」と一言で片づけられれば、誰でも納得できないのではないかと思います。

4 上司は誰か、役場の課長か、館長か？

ここでは、気を遣う順位では三番目の上司について考えてみたいと思います。Aさんは、本当の上司は誰か悩んだそうです。役場の課長か、館長か、町会長か？　それぞれが、様々な指示をしてきます。これに関して、筆者の意見は、どなたも上司であると思います。問題は、時間外勤務になったとき、直属の上司である館長以外からの指示は、時間外勤務手当の対象になるかということです。

Aさんが役場の課長に相談したときには、館長・町会長などからの業務は時間外でもやりなさいということですから、上司の指揮命令になるため時間外勤務手当の対象になると考えられます。

ここで重要なことは、全国の役場の出先機関関係で仕事をしている非正規公務員は、会議とか町の運動会とか時間外に駆り出されても、そのほとんどの業務がサービス残業となっているのが現実の姿ではないかということです。

さらに問題なのは、非正規公務員は賞与も退職金もなしで、サービス残業が横行しているのではないかということです。

しかし、これまでAさんの役場ではこのことに対しておかしいと誰も主張した人はいなかったようです。

それはなぜか？　そのようなことを言えば、再任用されないことが分かっているからです。

そのような視点で考えれば、この役場では、Aさんが初めて問題提起をしたのではないかと思います。このことが、非正規公務員の労働条件の改善のキッカケの一つになればとの思いで問題提起されたとのことです。

5 度重なるサービス残業

Aさんは、当初悩んだそうです。あまりにも業務内容が多いので、誰の指示を優先して仕事をするべきか？　時間外に及んだ勤務は果たして残業代の対象になるのか？　退職するまで疑問が残ったわけです。このことがAさんの訴訟における争点の一つになりました。

読者の皆さんはどのように思われますか？「残業代が支払われないのだから、残業などしなければよかったのに」とか、「残業代など諦めてサービス残業と割り切るしかない」など様々な考えがあると思います。

Aさんも「今回のような、不当な雇止めがなければサービス残業で割り切ったと思うが、このような退職の仕方なので問題提起した」と話していました。

筆者も未払い残業の問題は、よく相談を受けます。

そのほとんどは、退職時に会社とトラブルがあった人からのもので、そのような人に限って未払い残業の請求が退職後数ヵ月して発生しています。

このような残業代未払いの問題を少なくするためには、やはり日々の時間管理が基本です。

残業するならば、その都度上司に了解をもらって、その勤務時間を使用者側も雇用者側も確認していれば、問題のないことです。

なのでたまたま、雑談などして退社の時間が遅れても、それは当然残業時間にはなってこないわけです。

ところが、未払い残業の問題では、請求する側は、このような働いていない時間も「タイムカードに打刻してあるのだから勤務していた」と主張してきます。このようなことにならないためにも、日々の時間管理は重要なことです。

Aさんのケースでは、事前・事後に上司に残業があったことは報告していたようです。

余談になりますが、残業時間の計算は、毎日15分未満とか30分未満は残業時間をカットしている民間会社をよく見かけますが、労働基準法上では毎日の分単位の残業時間を合計して、トータルで30分未満のカットなどの計算方法は認められていますが、毎日15分未満をカットして計算するやり方は認められていないので注意してください。

Aさんのケースではこのような計算のやり方で計算すると2年間で、約1200時間の残業時間になりました。何故2年間かというと、賃金の債権は過去2年分しかさかのぼれないからです。

読者の皆さん、この1200時間は果たして多いと思いますか？　それとも普通と思われますか？　現在の労働行政では過労死のときなど次のような時間外労働の目安ラインを置いているようです。

①時間外労働100時間

健康障害の発症前1ヵ月間に100時間を超える期間外労働をしている時、健康障害と長時間労働の因果関係は認めやすい

②時間外労働80時間

発症前2から6ヵ月間で平均して月80時間を超える時間外労働をしているとき、健康障害と長時間労働の因果関係は認めやすい

③時間外労働45時間

発症前6ヵ月間を平均して月45時間を超える時間外労働が行われたとき、健康障害と長時間労働の因果関係は強まっていく

Aさんのケースでは月平均50時間ですから③の分類になってきそうです。この50時間は、日々

に計算すると約2時間です。読者の皆さんは日々平均2時間以上ですか？　2時間以内ですか？　ある学者に言わせると一番心地よい時間外労働は、1日約1時間ほどで、月間では約20時間前後ではないかとも言われています。このような視点で見れば、Aさんは③の分類で、過労死ラインの因果関係に該当する労働時間であると思われます。

5章

役場への訴訟の始まり

1 弁護士もピンからキリまである。数人の弁護士に相談する

雇止め・パワハラ・未払い残業と前章までで、紹介してきました。この章では紛争ということで弁護士に依頼することになり、どうして弁護士を選んだか解説します。

弁護士というと一般的になにか敷居の高い存在のように思われる方が多いかもしれません。筆者は仕事柄いろいろな弁護士と付き合いがありますが、若い弁護士さんはフランクで気さくな方が多くなってきたと思います。テレビで見るような「俺は弁護士だ！」なんて偉そうな方は少ないと思います。

それでは、Aさんのときは誰に相談するかですが、筆者はAさんに「数名の弁護士を紹介しますので、その中で一番信頼できそうな方にお願いしたらどうですか」とアドバイスしました。結果的に3名の弁護士に相談して、同じ質問をして、それに対して一番納得できた先生がベストな選択ではないかとアドバイスしました。

よく、弁護士会の理事とかライオンズクラブの役員などの肩書を見ることがありますが、基本的にこうした要素は、仕事ができるかどうかには関係がないことです。

基本はその問題に関して、専門性、経験があるか、または、電話した時の雰囲気とか、真剣に話を聞いてくれたとか、質問に対する回答は納得できたか、事務所はきれいに整理されているかなどがポイントになると思います。最後に人として合う、合わないなどのフィーリングなども重要な選択のポイントになるでしょう。

面談した結果、Aさんから聞いた話では、これほど弁護士によって考え方が違うのかと驚かされました。ある弁護士は最初から勝ち目がないとか、ある弁護士は十分可能性があるなど、さまざまだったようです。

結果的には、「パワハラなど証拠がないのでどうしたらよいですか?」との質問に、「今からでも遅くありません、関係者と会話して録音をとって証拠を今からでも固めていったらどうですか」とのアドバイスが気に入ったのか、その弁護士に依頼することにしたようです。

それと弁護士の自信に満ちた話し方にも共感を得たと話していました。

なので弁護士を選ぶときは、数名を訪問し、同じ質問をして比較して考えることが一番間違いのない選択方法でしょう。

2 最初は内容証明でお伺いを立てる

この節では、弁護士への依頼が決まった後、どのような対応をしていくかについて考えていきます。Aさんは、これまで解説した問題点を付した内容証明を役場に対して通知することにしたようです。弁護士も筆者も守秘義務があるので、抽象的な紹介になりますが、ご理解のほどお願いします。

内容証明のポイントは、次の三つになります。

その1　何故再任用されなかったのか?

その2　パワハラ等についてどう対応するのか?

その3　未払い残業代について支払ってほしい

以上三つのポイントをもとに、役場に対して内容証明の通知を出したようです。

ここで内容証明のもつ、法的な意味を紹介します。内容証明とは、「誰が、誰宛に、いつ、どんな内容の手紙を出したのか」ということを郵便局（日本郵便株式会社）が公的に証明してくれる郵便（手紙）です。

内容証明の効果は、契約の解除、クーリングオフ・時効の中断などの証拠力を得ることと、貸金・売買代金の請求、損害賠償の請求などの心理的な圧力を加える効果などがあるとされています。

内容証明は、郵便局から出す方法と、インターネット上から出せる電子内容証明郵便の二つの方法があります。郵便局で出すときは1行20字以内、1枚26行以内（５２０字以内）の文字数で用紙は自由です。

内容証明そのものに、法的拘束力はありませんが、相手側から見るとかなりのプレッシャーを与えることになります。訴訟の前に、今回の事例のように内容証明を出してから、訴訟を開始していくのが一般的です。

3 内容証明の中身

この節では、今回の事例の内容証明のイメージを掲載します。

詳細な内容は掲載できませんが、下記のようなイメージの内容証明書を出すわけです。記載例にあるように、期日までに回答がない場合、法的な手続きに移行するとなっているのが、内容証明の一般的な記載です。余談ですが、この内容証明に役場は相当戸惑った様子が後日噂として耳に入りました。

この内容証明に法的拘束力はないので、期日までに回答がなくても、相手側は違法となることはありません。

通知及び照会請求書

〇〇町長殿

〇〇〇〇代理人〇〇弁護士

当職は〇〇〇〇 の代理人として、貴町に対して
下記のとおり通知及び照会請求をします。

その1　通知人を再任用しなかった理由（詳細は割愛）

その2　通知人のパワハラ等に対して慰謝料の請求（詳細は割愛）

その3　通知人の過去2年分の残業代の支払いの請求（詳細は割愛）

以上の三つのことについて、期日までに回答いただけない場合、
回答いただいてもその内容に納得がいかない場合は、
不本意ながら法的な手続きに移行することもやむを得ないと
考えておりますので、その際には、よろしくお願いします。

ただし、内容証明の送り主としては6ヵ月以内に訴訟を提起することによって時効の中断の効果があります。今回の事例では2年分の未払い残業代の請求をしていますが、この2年の時効を中断する効果があるのです。

4 裁判となると裁判所で公表されるので、マスコミに知られる可能性がある

前節で、内容証明の具体的内容までお話ししました。それでは今後どうするかです。前章記載のように、労働審判・調停・裁判などが考えられます。一般的には労働審判に移行するケースが多いのですが、非常に難易度の高い案件なので、Aさんは内容証明の結果で訴訟するという選択に至ったとのことです。労働審判であれば公表される心配はありませんが、裁判となるとケースによっては新聞報道されることもあります。

Aさんはマスコミに知られたとしても、このことが今後の労働条件の改善につながっていくキッカケの一つになるのであれば、あえて公表されてもよいとのことでした。

裁判というのは、裁判そのものに勝利することは、もちろん重要ですが、訴えられた側としたら、仮に裁判で勝利したとしても、訴えられたという事実が、会社の信用をダウンさせたり、従業員の不信をあおったりするので、裁判をされること自体、判決以上に大きなダメージをともなうことがあります。

筆者の知り合いのある会社で、従業員から未払い残業の裁判を起こされ、裁判の結果、未払い残業の支払の判決は出されず、裁判には勝利しましたが、その後何人も残業代請求の裁判を引き起こす結果につながり、やがて会社は倒産してしまいました。

このように、裁判を起こすこと自体の社会に与える影響は、無視できないものがあります。

また、知り合いの弁護士がよく話していますが、本当に裁判はやってみないと分からないようです。先程の未払い残業代の会社でも、一番目の裁判は勝利しましたが、別の裁判では、ほぼ同じ案件ですが負けています。

このような、社会的な影響のことまで考えて、あえて裁判を起こされたようです。

5 それを知った周りの人の態度で人がよく見えてくる

実際に裁判なり、内容証明を出すとその事実を知った回りの人の態度が大きく変わる人、あまり変わらない人など、様々な人間模様が出てきたと、Aさんは話していました。

今回のケースでは、上司である館長が、役場から連絡があったのか、内容証明を出したことが判明した途端に、Aさんに対する接し方が違ってきたとのことでした。期間満了の約1ヵ月前に内容証明をだしているので、退職までの間にいろいろな反応があったようです。ある人は頑張れと応援してくれたり、ある人はそんなことまで何故するのか？　といった対応だったようです。Aさんは理不尽に再任用されなかったことや、未払い残業を請求するのであって、後ろ指を指されるようなことは何もありません。

しかしながら、裁判を起こしたと聞くと、途端に態度が変化する人もいるので、このことで、本当の友人かどうかもよく見えてくると話していました。

6 裁判になると失われるものと得るもの

Aさんは、裁判を起こしたことによって、Aさんの家族が役場関係に就職するときには、厳しい扱いを受けることになるのではと心配していました。

また、裁判を起こすことで、本当の友人と言える人は誰であったかなど、よく見えてきたとのことです。

このような視点も踏まえて考えてみると、なんと言っても、裁判の最大のメリットの一つとしては理不尽な対応の事実を社会に公表し、訴訟相手などに対して社会的な制裁を与えることができることです。

それに対して最大のデメリットの一つとしては、他人に知られたくない事実を打ち明けなければならない状況も出てくるでしょうし、隠しておきたいことも、証拠のために証言しなければならないことがあるかもしれないことです。

また、自分をよく知らない人が聞いたら誤解するような内容でも不特定多数の人に知られることを余儀なくされることも起こり得る可能性が十分にあります。このようにプライバシーが侵害されることによって受ける精神的ダメージは想像以上のものがあると思われます。

したがって、裁判を起こすということは、よほどしっかりした考えがないと後で後悔することにもなりかねないということです。

あなたが、もしAさんの立場であれば、どうしましたか？

7 他人を信用して口外しない

この節では、裁判のことは口外するべきではないということを話したいと思います。人間、秘密にしておきたいことはつい誰かに話したくなるものです。あなたの周りでもよくありませんか？「ここだけの話、誰にも言わないでね。○○さん離婚したらしいよ」どうですか？　このような噂は瞬く間に流れていきます。

筆者も22年間サラリーマン生活を送りましたので、ちょっと朝礼で話したことが、あっという間にその他の拠点の人が夕方には知っていたということをよく経験したものです。人はプライバシーに関する噂話をすることが楽しいようです。なので、他人の口に戸は立てられないということを理解する必要があります。

Aさんのケースでも、裁判を起こす情報が流れれば、退職するまでに関係者との会話を録音して証拠を集めようと思っても誰も警戒して話さなくなったはずです。

筆者も特定社会保険労務士としてAさんから相談を受け、相談にのってきましたが、Aさんに、このような理不尽が二度と起きないためにも、今回の出版に、是非協力してくださいということで、協力してもらいました。

あくまでも個人のプライバシーのこともあるので、一部をフィクションとしています。この節のテーマである「あえて口外しない」の原則に反しますが、このことが非正規公務員の雇用条件の改善のキッカケの一つになればとの思いであることを理解していただきたいと思います。

8 内容証明の回答書が届く

内容証明を送った後、次のような回答書が返ってきました。担当弁護士も予測していましたが予想通りの内容でした。

回答書の**その1**は、再任用されなかった理由はあくまでも「面接結果が悪かったから」となっています。

おそらく、非正規職員を再任用しない役場の建前は、この「面接結果が悪かった」というのが決まり文句であることが多いと思います。現在の再任用という制度のもとでは、これを覆すことは、公務員法が改正でもされない限り難しいのが現実です。面接結果が悪かったからという一言で処理されてしまっているのです。ここに民間会社のように労働契約法とかパート労働法などの救済規定は使えないのです。まさに予想していた回答でした。

照会請求に対する回答書

〇〇〇〇代理人〇〇弁護士様

〇〇町長

その1　試験により上位成績者から選考したものです（詳細は割愛）

その2　そのような事実はありません。（詳細は割愛）

その3　定額で支払っており支給は考えておりません。（詳細は割愛）

次に**その2**ですが、これも予想していましたが、なかなか難しい論点かと思います。

その3については、入社時に口頭で定額残業代を支払っていると主張していますが、Aさんは採用時にそのようなことは、一切聞いていないなし、文書の証拠もなにもないので、この回答に対しては十分反論していける内容ではないかとのAさんのお話しでした。

この章で掲載している、内容証明や回答書はあくまでも筆者が読者のみなさんにイメージを理解してもらうために、あえて簡単にまとめて掲載したものです。役場の答弁書で「残業代は支払います」などの回答がくればそれで問題が解決し、裁判など不要となるのですが、多くの回答書ではこのような回答がほとんどのようです。

したがって今後、これを踏まえて、内容証明にあるように法的対応ということになります。

6章

裁判の過程とその実録

1 1回目の訴状の内容

この章では裁判の具体的な流れについて記載します。Aさんのプライバシーもあるので、詳細は割愛しますが、読者の皆さんに裁判のイメージを理解していただけたらと思います。

今回のような民事裁判では、裁判を起こす人（原告）が裁判を起こされる相手（被告）を決めて、裁判所に訴状を提出することから開始されます。

この訴状には、原告と被告の住所と氏名、そして原告がどんなことを請求するのか「請求の趣旨」、その請求の理由となる事実関係「請求の原因」を記載します。例えば「被告は原告に対して、金１００万円を支払え」といった内容で、請求の趣旨を書き、被告が「約束のお金を支払わない」といった請求の原因とか、証拠があるときはその資料も裁判所に提出します。

訴状が出されると、裁判所が訴状の提出された順番によって、担当する裁判官と書記官を決め、書記官は訴状をチェックして、形式上の問題がなければ、原告の都合を確認して第１回の裁判を開く日を決めて、被告に訴状と呼出状、そして答弁書の催告状を送り、裁判が開始されていくといった流れになります。一般的に訴状を裁判所に提出してから1ヵ月くらいして、第

1回目の裁判の日になります。

Aさんの訴状におけるおもな請求の内容は次のような内容です。

その1　正当な理由のない採用拒否に対する期待権侵害に基づく損害賠償
その2　パワハラなどに対する損害賠償
その3　未払い残業に対する支払の請求

これらの請求の趣旨に関して、その詳細な原因を訴状に記載して証拠等を添付して裁判所に提出するわけです。このような書類のやり取りがあり、第1回目の裁判の日を迎えます。

この第1回目に被告が答弁書も出さないで、裁判を欠席すれば、裁判所は被告が原告の請求を争わないものとして、原告の請求を認める判決を出すことができます。これが欠席裁判と呼ばれています。

2 裁判はとにかく証拠が決め手

裁判は一般的に言われているように証拠が決め手になります。証拠には次の種類があります。

①当事者が書いた陳述書など紛争に関係のあることが書かれているすべてのもの。例えば、日記・手帳・契約書類・利害関係のない第三者が日常業務として作成した書類など

②写真に撮影した物や音声の内容を書き起こした反訳書をつけたCDなど、重要な場面を印刷してまとめた映像など

③法定で尋問などを行う証人など

以上の三つが大きなくくりになります。

②の会話を録音したCDや、①の残業時間などの確認のための日記なども証拠として重要です。

このような証拠がなければ、真実をどんなに訴えても、裁判では認められません。逆に言え

ば、黒であっても証拠がなければ白であるということです。

また裁判所は、例えば賃金債権は2年で時効ですが、被告が「これは時効ですから、2年以前の賃金は支払いません」と主張すれば時効が成立しますが、被告がその時効を宣言しなければ時効にはなりません。このようなとき、裁判所は被告に対して「2年で時効になりますから、時効を宣言されたらどうですか」といったアドバイスをしてくれることはありません。

なので、裁判は一人でもできないことはありませんが、専門家である弁護士に依頼した方がお金は掛かりますがベストであると思います。

3 誰も証人にはなってくれないものと思え

証人には、証人請求者が自分で証人を連れてくる「同行」証人と、裁判所が直接呼び出す「呼び出し」証人があります。

証人が正当な理由なく期日への出席を拒否した時は、裁判所は10万円以下の過料の支払を命じることもできます。

しかし、なかなか誰も証人になってくれないというのが実態です。しっかりした証人がいれば、裁判では有力な証拠になるのでしょうが、誰も引き受けてくれないと考えて行動した方がよいでしょう。

筆者の業務の一つである離婚時の年金分割の相談などを受けていると、家庭裁判所の年金分割の調停の期日に相手がなかなか来てくれないといった話をよく聞きます。とにかく皆さん裁判所に行くのが嫌なようです。

このように、基本的に裁判所に行くのを嫌がる人が多いので、ましてや証人などなかなかＯＫしてくれないのが実態です。

Ａさんのケースでも、役場が絡んでいるので誰も証人になってくれる人はいなかったとのことでした。

4 どの切口で裁判を起こすか?

どの切口で裁判を起こすか？　まさにここは弁護士の実力が問われるところです。

Aさんの事例では、未払い残業であれば、いきなりダイレクトに未払い残業代○○万円支払えと請求するのか、残業代は支払う意思があるのかどうかといった切口で攻めたり、相手の答え方でさらに切口を探っていくのかなど、訴訟においても、戦略があります。

このような時に、その分野の専門性や経験が豊富であるかないかで、裁判の方向性は大きく違ってくるはずです。如何に反論しにくくすることができる切口の訴状を作成できるかが、弁護士の力量の一つではないかと思います。

5　月1回が裁判の頻度（2回目以降は淡々と進む）

第1回の裁判の日は口頭弁論期日と呼ばれます。Aさんの話では、当日は、期日の前に提出した書類の確認がほとんどで、裁判官が「陳述しますか？」の問いに、弁護士が「はい」と答えて裁判官が「次回は○月○日ですね」となって淡々と終了したとのことで拍子抜けしたと話していました。

第1回目口頭弁論が行われると、次回から毎月1回ほどのペースでこの裁判の争点・証拠の整理が進められていくわけです。

このとき被告が訴状に対する最初の書類で答弁書というのがあります。これは訴状の請求の原因を、確かにその通りであると「認める」、事実と相違するときは「否認する」、事実があるかどうか分からないときは「不知」、などと記載して対抗するわけです。

したがって、テレビドラマに出てくるような、弁護士が長々と裁判で話すといったイメージではないということです。毎回、短時間に淡々と進められていきます。

原告も被告も弁護士などの代理人がいるときは、必ず裁判期日に出席する必要もありません。このような流れで裁判は進んでいきます。長いと判決まで2年程度かかる場合もあります。

6 隠し録りの会話の録音も証拠足り得る

前章で録音したCDなども証拠になるという話をしましたが、相手の了解も取らないで会話を録音するというのは、実際には難しいかもしれません。もちろん了解してくれての会話の録音であれば問題なくスムーズにいきます。

Aさんのケースでも、会話の録音がきれいにされているかなど、問題点の重要な部分を話してくれるかなどなかなか気を使うと話していました。

パワハラに関連したことなど、かつて話していたことも、そんなこと話していないとか、人によってはこれほど平気で嘘をつくのかと驚いたそうです。

基本的に嘘を平気でつく人はどこまで行っても嘘をつくということは、読者の皆さんの周りにもいらっしゃると思いますので、想像がつくと思います。

ここで、強調しておきたいことは、セクハラ・パワハラなどを日常的に感じてきたのであれば、相手の言動を録音しておくということです。録音がしっかりされていれば、後で、言った言わないの押し問答はなくなるでしょう。

浮気などの証拠となると、ホテルに入った瞬間などの証拠収集も、探偵に依頼すると、かなり費用も掛かりますが、パワハラなどは、ICレコーダーなどを1台準備しておけば、比較的簡単に証拠集めができます。

ほとんどのケースでパワハラなどする人は、まさか録音などされるとは思っていません。Aさんも当初は、証拠を録音で集めるなどという考えは浮かばなかったのですが、弁護士から「今からでも遅くありません。会話の録音を集めたらどうですか」とのアドバイスで会話録音の必要性に目覚めたと話しています。

過日政府の閣僚が、政治資金のことで、マスコミを大きく騒がせましたが、ここでも録音テープがあるという証拠が大きく報道されていました。

セクハラに関しては、抱きつくとかお尻を触られたとかのときは、録音しても証明としては弱いかもしれません。

そのようなときは、警察に被害届を提出して、刑事事件として処理することも考えられます。警察の取り調べの過程で加害者が犯行を認めれば、やがて被害届を取り下げてくれと示談に持ちかけてくるケースも考えられます。

このような形になればセクハラの裁判をする前に解決することも考えられます。

次にパワハラ・いじめなどでは、夜中などに独り言をつぶやくような精神状態になっているのであれば、早急に専門医の診察を受けて、診断書をもらい、診断書を勤務先に提出して、休職するなども録音以外の対策の一つであると思います。

7 残業代の請求はどうなっていくか

Aさんのケースでは、日々の残業時間が日記などに細かく記録されており、残業代の計算も単純で分かりやすい内容でした。

未払い残業代に関しては非正規公務員であろうと労働基準法37条（時間外、休日及び深夜の割増賃金）「使用者が、第33条又は前条第一項の規定により労働時間を延長し、又は休日に労働させた簿合においては、その時間又はその日の労働については、通常の労働時間又は労働日の賃金の計算額の2割5分以上5割以下の範囲内でそれぞれ政令で定める率以上の率で計算した割増賃金を支払わなければならない」が原則適用されます。

なので、たとえ非正規公務員であっても原則該当するわけです。再任用されなかったことなどは原則労働基準法は該当しませんが、残業代請求に関しては、労働基準法37条が原則適用になります。

なので、役場の非正規公務員は労働局のあっせん制度は対象外でありますが、この未払い残業代に関しては、今回のように裁判までしなくても最寄りの労働基準監督署で原則相談に乗ってもらえることになります。労働基準監督署に対して残業代を請求したが、役場が支払ってくれないという内容の申告をして、労働基準監督署から役場に対して未払い残業代を支払ってくれるように依頼する対応も考えられます。ただし、このケースでは残業代以外の件は労働基準監督署では対応できません。

したがって、未払い残業代のみの問題であれば、最寄りの労働基準監督署への相談も選択肢の一つになります。

8 残業代の請求は手帳などに日々の勤務時間がメモされていれば証拠となる

残業代に関しては、タイムカードのコピーがあるとか、携帯電話などでタイムカードを写しているようなものも、証拠として重要な位置づけになります。

また、手帳・日記などに仕事や残業時間などの記録をしていればこれも十分証拠足り得るわけです。

一方、タイムカードなどコピーできていないのであれば、裁判で相手側にタイムカードなどの開示請求も必要であれば考えてみるべきです。

Aさんのケースでは日記帳に勤務時間は記載されていましたので、これが証拠として重要なポイントになりました。役場側はこの勤務時間が残業時間でないとすれば、それを証明しなければならないのです。

逆に言えば、タイムカードなどで打刻があっても、会社側がその時間は労働時間でないと、証明できれば残業代の支払いに原則応じる必要はないことになります。

残業に関しては、会社側が、その時間は勤務時間でないと主張するのであれば、労働基準監督署の調査が仮に会社にあったとしても、会社側がその時間は残業時間であると認めない限り、監督署としてはそれ以上残業代を支払えとは言えなくなってきます。最終的には民事上の問題になり残業時間に該当するかどうか裁判で判断してもらうことになります。

いずれにしてもこの未払い残業代の裁判に関しては、弁護士も取りやすい案件なのか、請求してくるケースが毎年増加してきているのが現状ではないでしょうか。

未払い残業代は2年間分さかのぼって請求されるので、数百万円単位の支払が発生してきて会社経営の資金繰りに影響を与えてしまうケースが多くなってきています。したがって残業代はケチらずに毎月キチンと支払うことがポイントであり、このような日常的な取り組みが従業員からも信頼される職場づくりにもつながってくるはずです。

7章

裁判の結末

1 裁判所は必ず和解を持ちかける

訴訟ではよくあるケースですが、判決ではなく和解により、訴訟が終了することがあります。この和解について考えてみたいと思います。

訴訟は判決で最終的には白か黒かの判断が出るわけですが、和解となると双方の言い分をくみ取ってくれるので、裁判所からの提案で和解に至ることはよくあります。和解のメリットとしては次の点が挙げられます。

和解のメリット

その1　何よりも紛争が早く解決する。上訴はできなくなる。

その2　証拠不十分で判決で負けてしまうリスクを回避できる。

その3　判決は白か黒だが、判決にはない柔軟な解決案が可能である。

このようなメリットも考えると、和解も選択肢の一つです。Aさんにも、やはり裁判所から和解の提案がありました。

そして、弁護士と十分相談した結果、最終的には和解で解決したようです。どのような和解案で解決したのかは、個人のプライバシーもあり記載できませんが、勇気を出して訴訟という選択肢を選んだことにより、Aさんは、今回の問題についてある程度納得することができたようです。

読者の皆さんには、訴訟の結果も気がかりでしょうが、この本はそもそも訴訟に勝つとか負けるとかいったことがテーマの本ではなく、あくまでも、訴訟によって、この理不尽な雇止めを社会に問題提起することで、今後Aさんのような方が一人でも発生しないことを目的としています。

また、役場としても今回の訴訟を経験して、二度とこのような労務トラブルを起こさないように対応するキッカケの一つになったと思います。これまでは、皆さん泣き寝入りで問題視してこなかったので役場も対応の転換がなされないままに今日に至ってきたのでしょう。非正規公務員も大事な住民の一人であることを忘れてはいけません。

2 裁判所の和解内容が裁判の判決に近いと思えばよい

前節で紹介のとおり、多くの裁判ではどこかの時点で裁判官から和解の提案があります。知人の弁護士に聞くと、多くは「この裁判官の和解案を仮に蹴って判決に持ち込んでも、最終的には和解案に近い判決に至っていく」ようだと話しています。

過去の裁判例から見ても、再任用をしなかったことを争った裁判はほとんど勝ち目がないというのが実態です。したがって当然再任用されると思っていた期待権に基づいて、いくらかの賠償と、未払い残業代の解決金としていくら支払ってもらえるかが、現実的な解決策となります。

Aさんの詳細な和解内容は掲載できませんが、裁判官からの和解案がベースになっています。また、和解では関連する諸問題も同時に解決可能です。さらに、和解すると和解後に和解内容が不服だからと言って上告もできなくなるので、第二、第三の裁判に発展していくこともありません。

裁判になると、人は尻込みしたくなりますが、今回のような不当な扱いを受けたならば、決して泣き寝入りすることなく、労働局のあっせん（民間の会社の時）や裁判所の労働審判、訴訟、労働組合など、いくつかの選択肢があるので、問題提起するべきだと思います。

このような運動が、やがて非正規職員の労働条件の改善に結びついていくのではないかと思っています。

3　裁判官によっても裁判の結果は大きく変わる？

裁判になると、どの裁判官が事件を担当するかでも裁判の行方が違ってくることもあります。

裁判官とは憲法76条3項に「**憲法や法律に拘束されるほかは、良心に従って、独立して各事件について判断を行います**」となっています。民事事件では訴訟を起こした原告とその相手方である被告の双方からの主張を聴き、提出された証拠を調べたりして、法律を適用して原告の請求を認めるべきかどうかを判断します。

図表1　民事裁判の審理のおもな流れ

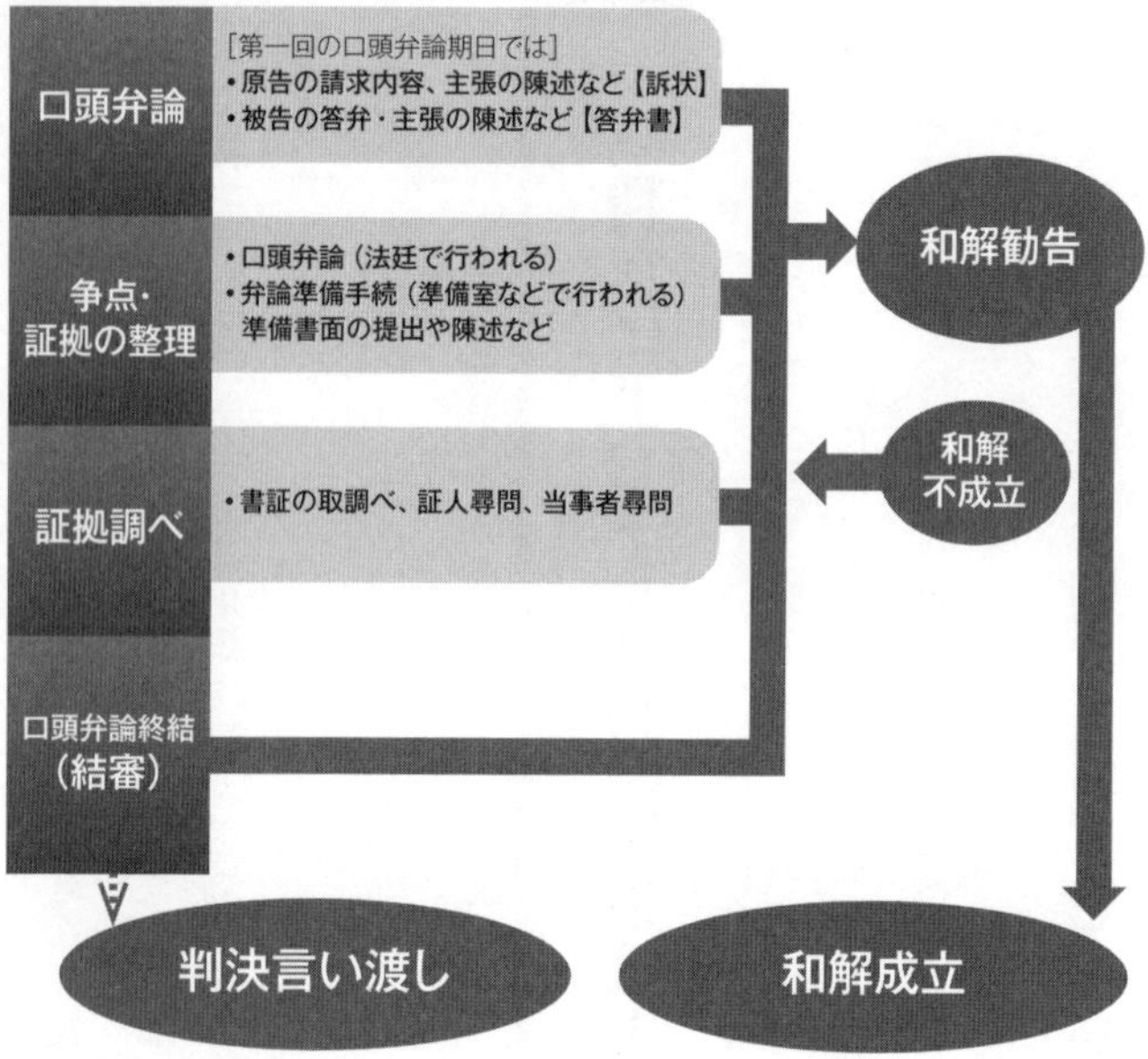

したがって、多くの訴訟のケースの中で、裁判官の心証を害すると結果もそれに従ってくることになります。

筆者も、顧問先で何件か労働問題の裁判を見てきましたが、なんでそうなるのかなとか、これでは会社はどうすればよいのですかとか裁判官に意見を言いたくなるようなこともよくあります。なので、どのようなタイプの裁判官が担当するかで、裁判の方向性は違ってくることも覚悟しておいた方がよいでしょう。

民事裁判のおもな流れをまとめてみると**図表1**のようになります。

4 役場は労働契約法がそのまま適用できないという壁

本書のテーマの一つである、非正規公務員の任用制度については、不当な雇い止めに対して規制がほとんどかけられないと紹介してきました。

民間の企業であれば労働契約法19条「有期労働契約の更新等」が次のとおり定めています。

> 有期労働契約であって次の各号のいずれかに該当するものの契約期間が満了するまでの間に労働者が当該有期労働契約の更新の申込をした場合又は当該契約期間の満了後遅滞なく有期労働契約の締結の申込みをした場合であって、使用者が当該申込みを拒絶することが、客観的に合理的な理由を欠き、社会通念上相当であると認められないときは使用者は、従前の有機労働契約の内容である労働条件と同一の労働条件で当該申込みを承諾したものとみなす。
>
> 一　当該有期労働契約が過去に反復して更新されたことがあるものであって、その契約期

間の満了時に当該労働契約を更新しないことにより当該有期労働契約を終了させることが、期間の定めのない労働契約を締結している労働者に解雇の意思表示をすることにより当該期間の定めのない労働契約を終了させることと社会通念上同視できると認められること。

二　当該労働者において当該有期労働契約の契約期間の満了時に当該有期労働契約が更新されるものと期待することについて合理的な理由があるものであると認められること。

この条文のように使用者が、客観的に合理的な理由を欠き、社会通念上相当であると認められないときは、使用者は従前の有期労働契約の内容である労働条件と同一の労働条件で当該申込みを承諾したものとみなすとなっています。

このように、労働契約法とかパートタイム労働法には、従業員保護の規定が定められていますが、残念ながら、これらの法律は国家公務員及び地方公務員については適用しないと定められているのです。また、労働基準法も公務員法の定めがある部分については、公務員法を適用するとなっています。

つまり、非正規公務員の処遇は、役場から見れば、都合のいい条文を非正規公務員に適用して都合がわるい箇所は適用させないといった方が、分かりやすいのではないかと思います。

このように法律面から民間の非正規雇用と比較すると、職員としての処遇は悪いと言わざるを得ないのが現実です。

筆者は労働契約法なども一部条文は公務員にも適用するように法改正するべきではないかと思います。

5 勝訴しても相手側の弁護士費用までは、相手にかなり過失がないと請求できない

この節では裁判にかかる費用について紹介します。裁判費用にはザックリ分けると、次の二つがあります。

その1　裁判所に納める費用

・裁判を起こすときにかかる手数料（訴状へ印紙を貼る）

・予納郵券（郵便切手で納める）

・裁判の進行中にかかる「証人」の旅費や日当の予納
・鑑定費用（鑑定を依頼する場合のみ）
・裁判記録の謄写（コピー）費用

その２　弁護士費用

・着手金
・報酬金（成功報酬）
・経済的利益の額（着手金や報酬金などの計算の基礎）
・弁護士日当、手数料
・法律相談料

「裁判所に納める費用」の代表的なものは申し立て時の手数料（訴状に貼る印紙税）です。訴額により次のようなイメージです。

・請求額１００万円まで：10万円ごとに１０００円増（1%、１０００円刻み）
・請求額１００万円以上５００万円未満：20万円ごとに１０００円増（0・5%、１０００円刻み）

（手数料の具体的な金額）

裁判を起こす際、訴訟の目的の価格が次の場合は、指定された金額の「収入印紙」を貼ることになります。

・10万円の場合→（1000円）の印紙
・50万円の場合→（5000円）の印紙
・100万円の場合→（1万0000円）の印紙
・200万円の場合→（1万5000円）の印紙
・500万円の場合→（3万0000円）の印紙

200万円の訴額で印紙代1万5000円です。その他の費用も掛かりますが、このように裁判所への費用は思ったより少ないといった感じです。

一番の問題は弁護士費用です。弁護士費用については、弁護士会が定めた規則に則っていましたが、規制緩和があり、現在は報酬規程が無くなって原則自由に定められます。一般的な民事訴訟では約30万円から約50万円が相場です。そして、裁判の結果の成功報酬が事件の成功報酬の10％前後が相場ではないでしょうか。これがおもな弁護士費用になります。

このように、裁判費用は数万円なのに弁護士費用となると数十万円になってきてしまうのが、日本の現状です。

弁護士費用は高額になってきますので、相手方に裁判にかかった弁護士費用まで負担させるのは、知人の弁護士にいわせると、相手に相当な過失がない限り、ほとんど難しいという話でした。したがって、裁判に勝とうが負けようが弁護士費用は、基本的に負担しなければならないということです。

6 弁護士費用はいくらほどかかったか？

この節では弁護士費用について紹介します。Aさんは、弁護士費用について、成功報酬は別として着手金として約40万円前後の費用がかかったとのことでした。裁判となると1年ほどかかります。

毎回裁判所に代理として行ってもらって、陳述書とか訴状とか難易度の高い書面をつくる負担を考えると、それほど高い報酬であるとは思えません。

何故なら筆者も社会保険労務士として、日頃から顧問先の労働社会保険の業務を代行していますが、その業務量と比較しても高額な報酬であるとは思えないからです。

費用が約40万円かかったとしても、裁判なので訴訟に勝利すれば、例えば残業代200万円とか勝ち取れるわけです。であれば最終的には200万円－40万円－20万円（成功報酬10％のとき）＝140万円の経済的利益を得たわけです。

このような視点で裁判費用を考えていけば、決して高額な報酬であるとは言えないと思います。もちろん、訴額が何億円の事件になると違ってくるかもしれませんが、一般的な労働問題の訴訟費用という視点で考えれば裁判をすることは妥当な取り組みであると思います。

とはいえ、40万円という金額自体、決して気軽に出せる金額ではありません。そこで、どうしても弁護士費用が捻出できないようなケースでは日本司法支援センター（法テラス）が着手金を立て替えて、依頼者は日本司法支援センターに月々1万円ほどの分割払いができる制度などがあります。もちろん、事件終了によって相手側から支払を受けたときは支払金から着手金の未払い額と報酬が差し引かれることになります。このような制度も活用すれば、資金的に厳しい方でも裁判は起こせるのです。

筆者は行政書士や社会保険労務士の業務の一つである、離婚協議書の作成や年金分割などの相談など受けて聞いていると、離婚裁判の弁護士費用については、着手金などは約30万円前後が相場のようです。

7 勝っても負けてもこの裁判に悔いはなし

Aさんは基本的には、勝っても負けても裁判をするという考えでした。Aさんのご主人も役場の対応にAさん同様怒りを感じ、このまま泣き寝入りはできないということからスタートしました。なので、今回の裁判の結果については納得されたようです。

また、勝っても負けてもこの裁判に悔いはないとも話していました。人生を振り返って泣き寝入りで我慢する人生は送りたくなかったとのことでした。

この話を聞いて思うことは、Aさんが勤務していた地方では、ほとんどが「裁判などするべきでない、ましてや役場などと争うというようなことは……」といった考えの人が多いのにはビックリの感がありました。

このような風土があるので、今回のような不当な雇い止めがあっても、ほとんどの方が泣き寝入りで仕方ないとあきらめてしまうのではないかと思いました。東京や関西などの大都市であれば、もっと違った風土かもしれませんが、地方では全国どこも同じような感じではないかと思います。

8 負けたとき控訴するか？

負けたとき、控訴するかですが、今回の事例では和解していますので、控訴はできなくなります。控訴するかどうか、そこまで争う必要があるかが問題かとも思われます。したがってこの選択はケースバイケースによって考え方が随分変わってきますので、個々対応が違ってくるはずです。

Aさんは、裁判で問題提起したことで、心の中である程度納得できたようです。したがって控訴までの考えはなかったようです。

8章

やはり役場（自治体）はブラック化している？

1　賞与・退職金などの処遇はどうなのか？

前章では具体的な裁判のことに触れてきましたが、この節では、雇止め・未払い残業といった視点ではなく職員としての処遇の視点で、今回のAさんの事例とは違ってきますが、非正規公務員の代表的な裁判事例を紹介したいと思います。

このような判例・裁判例からも、Aさんの役場などでの処遇の実態がいくらかでも見えてくるのではないかと思います。

判例・裁判例その1　賞与の支給はあるのか？

「茨木市事件」（最高裁第二小法廷判決平成22年9月10日）

事件と判決の内容

茨木市の市長が、平成7年度から平成16年度にわたり、各年度6月と12月に地方公務員法22条5項の規定により臨時的任用職員として採用された者のうち、支給条件を満たす職員に対して、一時金を（期末手当）を支給。

このことに対して、住民らが、市長による一時金の支給が違法な公金の支出にあたるものとして、市長に対して当該支出相当額の損害を市が被ったとして、損害賠償請求を行うことを求め、住民訴訟が提起された。

最終的な判決は平成7年度から平成15年度までの支出については、適法な住民監査請求の前置を欠くものとして訴えが却下され、平成16年度の支出は違法であるが市長には過失がなかったとして、請求が棄却された。


この事件いかが思われましたか？　市長が期末手当いわゆる民間でいうところの賞与を支払ってくれたわけであります。多くの読者の方は思われたと思います。このような処遇をした自治体があるのか？　またそれに対して、非正規公務員への支出は何故違法と言われるのかと思われたのではないかと思います。

実は公務員の給料は給料条例主義といわれるように、職員の給与に関する条例を定めなければ支給することはできないことになっているのです。今回のケースでは条例で非正規公務員の給与について定められていないにも関わらず支給されたため、住民訴訟へと発展してしまいました。

この本は判例の解説書ではありませんので、詳細は割愛しますが、ポイントは非正規公務員でも期末手当、民間でいうところの賞与が支給されたということです。最高裁は違法であるとしていますので、基本的には、条例で定めがなければだめだということになります。

このことから言えることは、条例で非正規公務員の期末手当の支給を定めている自治体はほとんどないので、基本的には非正規公務員への期末手当の支給は現実的には無理だといえることです。

仮に、条例で非正規公務員の期末手当を支給する条例を定めようとしても、この判例のようになかなか理解が得られず市民の反対を受け難しいのではないかと思われます。

判例・裁判例その2　退職慰労金の支給は認められるのか？

「大東市事件」（大阪高裁判決平成25年3月27日）

事件と判決の内容

行政内部の規範である「大東市非常勤職員の報酬等に関する要綱」に基づく非常勤職員に対して支給された退職慰労金は、地方自治法の定める給与条例主義に反して違法であるが、支給されたことに対して、市長の過失・故意、担当職員らの故意・重過失は認められない。

基本的には前述の茨木市事件と判決の考え方はほぼ同じようです。

退職慰労金についても給与条例主義が適用されます。この給与条例主義の趣旨については、第一義的には、職員の給与等は最終的にはこれを負担する住民の総意に基づくことが憲法92条の定める住民自治の趣旨に合致するところであり、民意に基づいて選出された議員によって構成される議会が形成する団体意思のうち、最も基本的な法規範形式である条例でもって支給の根拠とすることが、住民の総意とみなすことができると考えることができるからです。

そして第二義的には、給与等の支給について条例で定めることによって、職務の公共性や中立性を確保すべき地方公共団体の職員等に対して、定められた内容の給与等の支給を受ける地位を保障することにもなるからです。

このように、非正規公務員の処遇の改善は、この条例に定めがあるかどうかにかかってくるわけですが、ほとんどの自治体では定めがないため、現実問題処遇の改善は大変厳しいのが現実です。

2 不倫・縁故採用・不当解雇などあるのか？

不倫・縁故採用などあるのか？　と一般的には思われるでしょうが、筆者の社労士業務の一つである年金分割や行政書士業務で離婚協議書作成の相談などを受けていると、様々なケースを耳にします。Aさんの役場の話ではありませんが、年金分割の相談でこんな話がありました。今回のAさんの話とは、論点が相違するかもしれませんが、役場の服務規律を考えるうえで参考になると思いますので、紹介します。

相談者である女性の元夫が役場に正規職員として勤務していたそうです。子どもさんは小学生が一人おられたとのことでした、

数年前から、夫の様子が何か変だということで、たまたまご主人のメールが目に入りました。そこに知らない女性の名前があって、職場でパートの職員の手を握ってきたとか、キスをしたことなどが書かれてあったそうです。

このようなこともあり、夫の浮気が発覚し、やがて離婚に至ったので、離婚時の年金はどうなるのかと言うことで相談にこられたのです。

この相談を通して感じたことは、これはある意味、正規職員から非正規職員への一種のセクハラではないかと言うことでした。受けた相手が嫌がらなかっただけのことであり、嫌がっていればセクハラになっていたかもしれない内容です。

私がこのお話をお聞きして、相談者の方が本当に気の毒に思えました。パートの非正規職員も悪いかもしれませんが、ご主人は役場の正規職員なのです。役場の職員の基本姿勢は地方公務員法30条に次のように定められています。

（服務の根本基準）
第三十条　すべて職員は、全体の奉仕者として公共の利益のために勤務し、且つ、職務の遂行に当つては、全力を挙げてこれに専念しなければならない。

この条文にあるように「全体の奉仕者として公共の利益のために勤務し」となっていますし、「職務専念義務」があります。

その後、相談者の奥様は想像を絶する苦しみを味わってきたと話していました。

これが民間の会社であっても、職場の服務規律から問題でありますが、全体の奉仕者である役場の正規職員の話なのです。

次に縁故採用について考えてみたいと思います。Aさんの役場では、非正規職員の募集が毎年ありますが、噂によると採用者として役場の職員の知人が内定しているにも関わらず、形だけ応募していることがあるようです。

Aさんも役場に働くことになったとき、よく近所の方から聞かれたそうです。「役場に誰か知人がいたのですか？」と。聞くところによると、Aさんの役場は縁故関係がなければなかなか入れないところらしいです。

Aさんが再任用されなかった背景には、一方には、役場のお偉いさんの知人を採用するため、誰か一人再任用できなくする必要があるため、Aさんが選ばれたのではないかとも言われていたようです。

また、Aさんの役場では、時としてパソコンも不慣れな人が採用されており、よくこの事務職の数人の採用枠で合格したのが不思議と思える方がいると話していました。

筆者もこれまで、噂ではこのようなことは聞いたことがありましたが、このように、直接役場で勤務していた人から話を聞くと本当なんだなと思いました。

次に、不当な雇止めと似たタイプの問題に不当解雇があります。

意外と自治体では、あまりこの問題はききません。それは何故か。1年ごとの更新なので、解雇しなくても更新しない形をとることが多いからです。不当解雇も不当雇止めと同じように、労働契約法が適用になりません。なので、このケースを争っても民間の不当解雇のようなケースにはなりにくいのです。基本的には、この本で紹介している不当雇止めのようなケースと同じ考え方になってくると思われます。

ちなみに、労働契約法16条（解雇）では**「解雇は、客観的に合理的な理由を欠き、社会通念上相当であると認められない場合は、その権利を濫用したものとして、無効とする」**となっています。公務員はこの労働契約法の条文は適用にならないのです。

また、Aさんの事例を通じて興味深かったことは、10名以上の民間会社であれば、就業規則の作成義務が課せられていますが、役場にはそのようなものはないのです。あるのは条例に基づいた規定があるだけです。しかも民間であれば、就業規則の変更のときは、従業員代表の意見を聞いて変更することになっていますが、役場の規則は、職員の意見など聞かずに条例で定められているのです。

したがって、非正規公務員の処遇の詳細な点は、この規則にどのように定められているかです。この規則をよく読むと、面白いのは、採用という項目はなく任用という項目になっており、次のように定められています。

「非常勤嘱託職員は、下記にあげる者のうちから選考のうえ、任命権者が任命する」

このように自治体の世界には採用という考えはなく任用なのです。

また面白いと思ったのは一般的な会社では解雇規定が定められていますが、解雇ではなく免職となっている点などです。

3 一番のブラック職場は、身近な役場ではないか

この章では、非正規公務員の処遇に関する判例・裁判例や自治体の知られざる一面を記載してきました。果たしてこの本のテーマの一つである「役場はブラックなのであり、そんなことはない、ブラック化しているか?」ということですが、やはりブラック化していると思う方にはブラックなどあり得ないと思う方にとってはブラックではないというのが筆者の正直な気持ちです。

また、どんな立派な会社でも、ブラックな面は必ずあると思います。ただ、その程度が問題なのではないでしょうか。

ブラック企業とは、ウイキペディアのフリー百科事典では次のように定義されています。

「ブラック企業またはブラック会社とは、広義としては暴力団などの反社会的団体との繋がりを持つなど違法行為を常態化させた会社を指し、狭義には新興産業において若者を大量に採用し、過重労働・違法労働によって使いつぶし、次々と離職に追い込む成長大企業を指す」

過重労働・違法労働によって使いつぶしという視点で見るならば、Aさんのケースもブラック企業もといブラック役場化していると言われかねない状況下にあったのではないでしょうか。

ブラック企業という言葉はそもそも日本の若者がインターネットの掲示板で利用して、派生していった言葉なので、海外にはブラック企業という言葉はないそうです。

この本のテーマの一つである「ブラック役場」という単語は辞典で調べてもないので、その定義は正確には分かりかねるところであります。

今日ではブラック企業の存在は深刻な社会問題の一つにもなってきています。過剰な労働を強いられた結果、精神障害を起こし、最後は自殺してしまったなどという事件、読者の皆さんもよく聞くことがあると思います。最近では、某居酒屋チェーンで働いていた女性が、毎日お昼から翌朝まで働き、月140時間以上の残業が日常化していたそうです。そして、休日は研修会の参加などで休めない日々が続いていたそうで、最終的には「誰か助けて下さい」というメモを手帳に残して自殺してしまったという悲しい事件があります。

また、この原稿を書いている最中に、某大手広告代理店に勤務していた若い女性社員の自殺が長時間労働の過重労働が原因だったとして労災が認定されたという報道がありました。読者の皆さんもテレビなどで大々的に報道されていたので、記憶に新しいのではないかと思います。この女性のSNSには「休日返上で作った資料をボロくそに言われた。もう体も心もズタズタ」、「毎日次の日が来るのが怖くてねられない」などの書込みがあったそうです。言葉の暴力というものは言う方はあまり感じないかもしれませんが、言われる方は、取り方によっては自殺にまでいきかねないということです。

Aさんのケースでは、幸いにもそういった事態に至りませんでしたが、役場関係者から受けた精神的な苦痛は相当なものであると考えられます。

そしてこの問題の大きなポイントは私たちの一番身近な信頼すべき役場で起きている話かもしれないということです。

4 非正規公務員に対する行政の動き

この本では、不当雇止め・未払い残業・パワハラなど記載してきましたが、近年非正規公務員の雇用の問題が増加してきており、臨時・非常勤職員の任用等に関連する裁判例や法令改正などの新たな動きも生じています。

この中で総務省が全国の都道府県知事などに「臨時・非常勤職員及び任期付職員の任用等について」（総行公第59号平成26年7月4日付総務省自治行政局公務員部長名）を通知しています。

その中で任用の際の留意事項として、任用根拠及び制度的位置付けの明示や勤務条件の明示をしっかりするようにと、留意事項の一つとして記載されています。このように総務省もこの非正規公務員の雇止めの問題にはようやく動きはじめてきたのではないかと思われます。

また、残業代未払いについては次のように通知しています。勤務条件等についての中で述べています。

■時間外勤務に対する報酬の支給

「本来、非常勤職員については、勤務条件として明示された所定労働時間を超える勤務は想定されるものではないが、労働基準法が適用される非常勤職員に対して当該所定労働時間を超える勤務を命じた場合においては、当該勤務に対し、時間外勤務手当に相当する報酬を支給すべきものであることに留意が必要である。さらに、仮に労働基準法に定める法定労働時間を超える時間又は休日等の勤務を命じた場合には、当該勤務に対しては、同法第37条の規定に基づき割り増された報酬を支給するなど、同法の規定に沿った適切な対応を行う必要があることに留意すべきである。」

いかがでしょうか？　この問題については、よく非常勤職員は残業代の支給対象の職員でないと、勘違いしている役場担当者がいますが、それはこの通知からも分かるとおり間違いなのです。

また、再度の任用については次のような通知となっています。

■再度の任用について──基本的な考え方

①再度の任用の位置づけ

「（前略）の任期についての考え方を踏まえれば、臨時・非常勤職員が就くとされる職については、本来原則1年ごとにその職の必要性が吟味される「新たに設置された職」と位置付けられるべきものである。

ある臨時・非常勤の職に就いていた者が、任期の終了後、再度、同一の職務内容の職に任用されること自体は排除されるものではないが、『同じ職の任期が延長された』あるいは『同一の職に再度任用された』という意味ではなく、あくまで新たな職に改めて任用されたものと整理されるものであり、当該職員に対してもその旨説明がなされるべきである。」

②再度の任用についての留意事項

「①のように整理した場合でも、同一の者が長期にわたって同一の職務内容の職とみなされる臨時・非常勤の職に繰り返し任用されることは、長期的、計画的な人材育成・人材配置への影響や、臨時・非常勤職員としての身分及び処遇の固定化などの問題を生じさせるおそれがあることに留意が必要である。

地方公務員の任用における成績主義や平等取扱いの原則を踏まえれば、繰り返し任用されても、再度任用の保障のような既得権が発生するものではなく、臨時・非常勤の職であっても、任期ごとに客観的な能力実証に基づき当該職に従事する十分な能力を持った者を任用することが求められる。」

■報酬等について

「同一の職務内容の職に再度任用され、職務の責任・困難度が同じである場合には、職務の内容と責任に応じて報酬を決定するという職務給の原則からすれば、報酬額は同一となることに留意すべきである。

なお、毎年の報酬水準の決定に際し、同一又は類似の職種の常勤職員や民間企業の労働者の給与改定の状況等に配慮し、報酬額を変更することはあり得るものである。

また、同一人が同一の職種に再度任用される場合であっても、職務内容や責任の度合い等が変更される場合には、異なる職への任用であることから、報酬額を変更することはあり得るものである。」

これらの再任用とその報酬についての総務省の通知を読んで、筆者は次のように感じました。

①　非正規公務員については、原則再任用は新たな任用であって民間のような労働契約法19条（雇止め法理）は適用にならない職種であることを再確認している

②　報酬は、正規公務員のように昇給があるとか退職金が対象となるとかは原則望めない職種であることを再確認している

この通知文からも分かると思いますが、そもそも非正規公務員は給与ではなく報酬なのです。すなわち人件費ではなく一般経費なのです。やはりこれが今日の非正規公務員の置かれている現実なのです。

ですので、ある意味、非正規公務員の再任用などの処遇は、この章のテーマであるブラック化しているとも言えなくはない側面があると思います。

ただし、2020年4月施行の改正地方公務員法・地方自治法により3年後に新たにできる会計年度任用職員には非正規公務員に期末手当を支払う根拠が明記されましたので、この点に関して一歩処遇改善されてきたのではないかと思います。

9章

非正規公務員だからと言って泣き寝入りしてはいけない

1 非正規という名の都合のいい雇用（名ばかり公務員ではないか？）

いよいよ最後の章となりました。ここまで読まれて、本当だと共感した方、こんなことはないと反感を持った方、また、こんな世界だとは知らなかった、勉強になった方などいろいろなとらえ方をされたのではないかと思います。筆者としてはどのようなとらえ方であろうと感じたことが、本当の思いであると思います。

ここで、もう一度Aさんのケースを深く考えてみましょう。仕事柄、労働・社会保険関係の色々な相談を受けますが、今回の3年期間満了の任用制度は、トラブルなく職員を退職させるシステムとして、これほど完璧に近いものはないと思えます。

何故ならどんなに優秀で再任用を希望しても、「面接結果がダメでした」と言われれば、この公務員の任用制度ではどうすることもできない制度だからです。せめて再任用1ヵ月前までに「あなたは再任用面接を受けても任用にはなりません」とか言われていれば、まだ納得できるかもしれませんが、ある意味、労働犯罪に近い巧妙なシステムではないかとも思えます。

特別職の非正規公務員は、地方公務員法は原則的に適用されず、また、労働契約法・パートタイム労働法なども適用されないという、法の谷間にあるため、雇止めなどにあったとき、身近な労働基準監督署は相談に乗ってもらえず、役所の人事委員会からも特別職は地方公務員法が適用されないといわれ、結局、身近な相談場所がないというのが現状です。したがって泣き寝入りを余儀なくされてしまっているのです。より分かりやすく言えば、自治体から見れば非正規公務員の方はいわゆる都合のいい職員で、悪い言い方をすれば使い捨て職員であるということです。

改正地方公務員法で新たにできた会計年度任用職員においても最長1年ごとの任用になるので、再任用に関しては従来とあまり変わらない現状です。

この事実は最近少しずつ、知れ渡ってきているのではないでしょうか。

今回の事例は非正規公務員の事務職員をケースに話しましたが、Aさんのような事務補助職員以外の非正規公務員の代表的な職種の事例として次のような職種があります。

○臨時教員

具体例　1日5時間・1週5日勤務・月給約11万円・夏休みなどの長期休暇期間は収入がないのでアルバイトでつなぐ。

○ケースワーカー

具体例　生活保護の受給に関する相談などや申請を受理する仕事。生活保護受給者数の増加に伴い業務が過重になってきている。

○婦人相談員

具体例　要保護女子につき、その発見につとめ、相談に応じ、必要な指導を行う者となっているが、これも業務内容に見合わない処遇と言われている。

この他にも、図書館職員、学校用務員、保育士、学校給食調理員、消費生活指導員などが挙げられます。

このように見ていくと役場などの窓口で住民と直接のやり取りをやっているとか、学校の運営にかかわっているとか、本当に行政を支える土台の仕事をやってきている方なのです。そして多くの共通点は、業務が多忙なわりに賃金が低水準であるということです。

次に、Aさんからの相談で感じたことですが、給与明細を見ると社会保険の加入として、健康保険料・厚生年金保険料・雇用保険料が控除されているのです。非正規公務員は、公務員ということになっていますが、公務員が加入する共済制度には加入していないのです。公務員は基本雇用保険には加入できませんが、加入しているのです。この加入の実態からすれば、非正規雇用の職員の処遇は一般の民間の労働者としての処遇になっているのです。

この実態、どのように思われますか？　要するに実質的な処遇は民間の一労働者としての社会保険の適用なのです。そうであれば、非正規公務員は基本労働基準法が全面適用にならなければならないのではないかと思います。ところが、公務員なので、都合が悪いところは、公務員法が適用される職員なのですという対応で処理されているのです。

本当に公務員という身分であれば、社会保険等の加入についても共済制度の加入ということでなければおかしいのではないかと思います。ある意味非正規公務員は名ばかり公務員とも言えなくもないと思います。

2 泣き寝入りしてはいけない

もっと働きたかったのに雇止めになった人が周りにいたとき、あなたならどのようにアドバイスしますか？　「役場相手だから仕方ないね、諦めてほかの仕事さがしたら？」、「なんてひどい話だ、労働審判などで役場相手に問題提起するべきだ」と言いますか？

筆者はどちらの意見ももっともだと思います。しかし、今後このようなことが起きないようにするといった視点で考えるのであれば、裁判などで、問題提起するべきではないかと思います。役場などはある意味権力組織です。一介の一女性職員が意見しても、歯が立たないのが現実です。

しかし、このような裁判が多くなってくれれば、国もこの問題については、無視できなくなるはずです。Aさんもこのような考えをもっていたようです。

したがって、「不当な扱いを受けても泣き寝入りはしない」という考え方が非常に重要ではないかと思います。

基本的には民間の会社であれば、非正規労働者の期間満了による雇止めに対しては、労働契約法19条により救済され得ることができますが、役場などの非正規公務員の場合は、任用という厳格な要式行為であり、たとえ合理的な期待があったとしても、それは誤った期待であり任用の継続には直結しない（名古屋市立菊井小学校事件・最高裁第三小法廷判決平成4年10月6日（季刊地方公務員研究33巻1号25頁））などの考えが主流です。

しかし、第3章で解説した中野区（非常勤保育士）事件や、武蔵野市（レセプト点検嘱託職員再任用拒否）事件・東京高裁判決平成24年7月4日（月刊公務員関係判決速報417号2項）では、雇止めにあった一審原告は、21回という多数回にわたって繰り返し再任用され、21年3ヵ月の長期間にわたって被告（武蔵野市）のレセプト点検業務を継続して担当してきたなどの理由により、「原告が再任用を期待することが無理からぬものとみられる行為を被告が行ったという特別の事情がある」として慰謝料を認めるのが相当とした判決なども近年出されてきています。

このように、裁判の流れは、徐々に変化してきています。この流れは、この節のテーマである泣き寝入りしないという考えを全国の非正規公務員が持てば、必ず変わっていくのではないかと思います。

3 役場は労働基準法の動きに約5年遅れている

労働基準法と地方公務員法の関係は、21ページの図表3からも分かると思いますが、地方公務員法は、労働基準法の特別法に該当するため、労働基準法と地方公務員法がバッティングする箇所は原則地方公務員法の定めに従うことになっています。しかし、「公務員の方は労働基準法は適用にならない」と勘違いする方が結構多いのには驚きます。確かに国家公務員には労働基準法は適用除外でありますが、役場などの地方公務員は原則適用です。

これが基本の考えですが、非正規公務員でも特別職は特別の定めがなければ、地方公務員法が適用除外されます。

知人の労働基準監督官に言わせれば、地方公務員の職場は5年ほど遅れて、労働基準法の動きが浸透していくと話していたことを思い出します。

最近政府は同一労働・同一賃金ということで、非正規の賃金は8割に引き上げるべきだと盛んに主張しています。

このような、提言も理解できますが、筆者が主張したいのは、地方自治体の非正規公務員と正規公務員の賃金格差などもしっかり検証してもらいたいということです。

自治体の非正規公務員の処遇が改善していけば、自治体からサービスの提供を受ける住民のサービス向上にも必ずつながっていくのではないでしょうか。

4 職員は議員に弱い、議員が動けば変わる

この節では役場の世界ではよく絡んでくる議員について考えてみます。町会議員と聞くとどのようなイメージを抱きますか？

地域に一番密着した政治家というイメージかと思います。私も今回の事例の中で分かったのですが、役場にはこの議員の影響がかなりあるというのが現実のようです。第4章でも記載していますが、役場で職員が一番気を遣うのが、議員らしいのです。

筆者が思うのは、議員であるならば、今回の事例のような非正規である職員の処遇改善とか不当な雇止めが起きることがないように、もっと役場の雇用内容をしっかり検証してもらいた

いということです。

調査の結果、酷いということであれば、地方議会が非正規公務員の残業代や幾らかの期末手当、民間でいうところの賞与などの予算も検討していくといった取り組みもあってもよいのではないかと思います。このような取組みは、役場の実態にあわせて条例で実現していくことは可能なことではないでしょうか。

もし、この本を議員の方が読まれる機会があれば、是非わが町の役場の非正規公務員の実態はどうなっているのか検証していただきたいと思います。何せ職員の4割か3割は非正規公務員なのです。しかも非正規公務員が重要な行政サービスに関わって仕事をしているケースが多いのではないかと思うからです。

このような、条例などによる雇用改善を推進するだけでも、職員全体のモチベーションアップにつながってくるのではないでしょうか。

また、マズローの欲求五段階説のところでも紹介しましたが（47ページ参照）、賃金などの生理的欲求が満たされることにもつながってくるので、非正規公務員の生理的欲求からのランクアップが望める状況になってくるはずです。

こうした役場の非正規公務員の労働条件の改善を条例で図っていくことも議員の重要な仕事の一つではないかと思います。

ここで、政治家や行政に携わる方に、是非参考にしていただきたい、インド独立の父ガンジーの政治家としての考え方を紹介したいと思います。

インドの初代首相のネルーはガンジーの希望は「**あらゆる人の目からいっさいの涙をぬぐいさることであった**」（坂本徳松著『ガンジー』旺文社）と語っています。

このような考え方がいくらかでもあれば、今回の事例のような問題も少なくなっていくのではないかと思います。

5　全国の非正規公務員が目覚めれば、自治体も変わるキッカケになる

2016年現在では全国の約4割を占める約64万人の非正規公務員が、不当な雇止めや解雇、未払い残業、セクハラ・パワハラなどに遭遇したとき、泣き寝入りすることなくノーと言えることが増えていけば、国の重い腰を動かすための重要な一歩になってくると思います。

そうした姿勢が、非正規公務員の任免を行政処分とする解釈をどのように変えていくかなど

にも大きな影響を与えていくのではないでしょうか。

最終的には労働契約法に準じた公務員法の改正へとつながっていくのではないかと思います。


それと同時に、役場の労務担当者は、この非正規雇用の再任用や残業代など、任用後においてトラブルにならないように、任用時に「1年ごとの更新、3年で期間満了で、再任用は原則ありません」とか、「非正規なので昇給はないですよ」とか、「賞与も退職金もありません」ということを任用時に十分説明して契約書の代わりに確認書をとっておくといった取組みがあってもよいのではないかと思います。

今回の事例でもこのようなことが入社時に十分説明されていれば、このような裁判といった問題にまでは発展しなかったものと思います。

それと同時に、今後役場関係など非正規公務員で勤務しようと思うときは、3年で原則任用は満了、給与も原則上がらない、賞与・退職金もないということを十分理解したうえで勤務するべきではないかと思います。

なので、長期的な勤務先を考えているのであれば、一見役場での勤務は見かけはよいですが、現在の公務員法の中での非正規職員で勤務するよりは民間の非正規で勤務する選択肢も考えるべきではないかと思います。

6 この役場の問題は役場以外の自治体でもある話ではないか？

いよいよこの本の最終節までできました。ここまでお読みいただき深く感謝申し上げます。またまご縁のあった筆者の友人の奥様が、筆者が社会保険労務士であるということで相談があり、いろいろアドバイスや、弁護士などを紹介したりする中で、こんな労務の世界があるのかという驚きとともに、こんなことが今の日本の中でまかり通っているのがおかしいと思ったのが、今回の出版の動機となりました。

結果として裁判にまで至ったので、詳細は記載できませんでしたが、その流れを通して読者の皆さんに何かしらの気づきと、このような役場の非正規公務員の実態ということがいくらかでも知ってもらうキッカケの一つになればこの上ない喜びです。

非正規公務員などの処遇が民間並みに改善されてこそ、政府が目指す同一労働・同一賃金などというスローガンも本当の意味での実現に近づいていくのではないかと思います。

この本で地方公務員法・労働基準法・労働契約法などの関連を紹介してきましたが、この関係は本当に複雑に入り組んでいるため、分かりやすさを優先に、原則的な記載にとどめましたが、場合によっては、特別な定めにより違っているケースもあるかと思います。そのため、この本は原則的な話の中で読者の皆様にイメージしていただきたいという視点で記載してきましたので、ケースによっては相違してくることもあるということをご理解していただきたいと思います。

今回のケースは、Aさんが役場の非正規公務員ということもあり、役場ということで記載してきましたが、このようなことは、その他の自治体でも起こり得るケースではないかと思います。

そんなとき、この本が多少とも参考になれば幸いです。非正規公務員の問題提起の本も何冊か出版されていますが、一つの事例を中心に詳細な分析のもと対応してきた経過をここまで解説した本は少なかったと自負しています。

また、この本は今回ご相談のAさんとご主人のご協力と弁護士先生などのご支援もあり、出版となりました。

そして、この出版への思いは、今後このようなことが起きて、やむなく泣き寝入りしてしまう方が少なくなっていくキッカケの一つになればとの思いからです。

決して、役場を批判しているのでもなく、役場の雇用管理の中で今後トラブルが生じないように、しっかり対応することにつながればとの思いであります。

また、この本の最終的な原稿執筆の段階で、5月に改正地方公務員法・地方自治法のニュースが入ってきて、この本のテーマである、非正規公務員の処遇が一部改善されつつあるのではないかと期待しています。施行は3年後なので、現在はまだ従来の職員制度ですが、国もようやく、この非正規公務員の処遇改善に動きだしたのではないかと思います。しかしながら、Aさんのような雇止めに関しては変わらないのが現状かと思われます。

最後に、この物語の主人公であるAさんの件ですが、その後退職されて、現在は新しい職場で元気に頑張っておられるようです。「役場で当時は大変辛い思いをしたが、そのおかげで逆に本当の意味で人生勉強になった」と話していました。裁判にまでなったことについては、泣き寝入りしていたらある意味人生の敗北を認めたことになったけれど、不当な扱いに一矢報いたということで今は納得されているようです。

そして以前よりも人生を前向きに強く生きていける自分になったと話していました。筆者もその言葉をいただきこの事例の社会保険労務士として相談業務を引き受けて本当によかったと思っています。

Aさんも今回の事例は一部フィクションも含んだものではありますが、なにか読者の方に参考になるものが一つでもあればありがたいと話していました。

そしてこの本の主人公であるAさんから読者へのメッセージを紹介します。

「正しいことは正しい！　そして、ノーと言える強い自分になろう！」

ここまでお読みいただき本当にありがとうございました。深く感謝申し上げます。

おわりに

最後までお読みいただき、大変有難うございました。

「ブラック役場化する職場～知られざる非正規公務員の実態」いかがでしょうか？　あなたの町の役場は果たしてどうでしょうか？

実は筆者は、この本で11冊目になります。６年前『サッと作れる零細企業の就業規則』を経営書院様から出版していただき、今回の本で11冊目になりました。

本業が社会保険労務士ですので、日常、顧問先から従業員さんの労働については相談を受けることがよくあります。今回は筆者が社会保険労務士の仕事をしているということで、労働者側からの相談に応じるケースはあまりありませんが、友人の奥様からこんな理不尽なことがあってもよいのかということで、ご夫婦で相談にこられました。

相談を受ける中で、筆者自身の勉強不足もありましたが、公務員の特に非正規職員の労働条件の酷さに驚きを覚えたのが正直な気持ちでした。

奥様の話を聞けば聞くほど、社会保険労務士としてできる範囲内であれば応援したい気持ちになりました。労働紛争に至る案件なので、知人の弁護士を紹介する中で、最終的には裁判まで進展していきました。

この経緯の中で、今後もこのような理不尽な対応で、非正規職員の方が一人でも苦しまないようにしなければと思いました。そんなこともあり、今回の本の出版の動機となりました。これを読まれた役場関係の方や、現在非正規として勤務している方、そしてこれから非正規として働こうとしている方が、このような現実があることを理解していただければ、今後今回のようなことで苦しむことをいくらかでも軽減していけるのではないかと思います。

その結果、我々の一番身近な役場で働く人の労働条件の改善につながり、役場の機能発揮を推進していくキッカケの一つになってくるのではないかと確信する次第です。そして、その趣旨をくんでいただき、今回企業通信社様から出版させていただけることになり、感謝の気持ちで一杯です。

実は筆者は、6年前まで本を書こうなどと考えたこともありませんでした。また、字がへたなので、読むことは億劫ではありませんでしたが、こと書くことには、大変臆病でした。

そんな筆者が書く決心をしたのは、6年前の開業10年目で、なにか自分に区切りをつけなければならないと決意したのがキッカケでした。また、名古屋の筆者が入塾している、北見塾の北見昌朗先生やその他多くの塾生の方が、本を出版されていることに、刺激を受けたのかもしれません。また、開業時から、尊敬しているランチェスター経営で有名な竹田先生から、「自分は大変字がへたくそで文章など一番苦手であったが、人の3倍かけて書いた。そして今ではベストセラーの本も出ている。仮に文章が苦手な方は人の三倍かけて書けばいい」とのお話をお聞きし感動しました。このようなことも通して、今回の出版に至りました。多くの先生方のご支援があったからこそだと深く感謝申し上げます。

また、出版に関しましてインプルーブの小山社長様には大変お世話になりありがとうございました。それに、企業通信社の皆様のご指導には深く感謝申しあげます。

この本が、今まであまり知られることがなかった、非正規公務員の労働条件の改善に一つでもつながっていけばこの上ない喜びであります。

日本の地方公務員の約4割を占める、非正規雇用の職員の雇用条件が改善されれば、日本の社会はますます活性化していくのではないかと思います。また、この本がいくらかでもその活性化のお役に立てれば著者としてこの上ない喜びであります。

本当に最後までお読みいただき大変ありがとうございました。

感謝

参考文献

・上林陽治著『非正規公務員の現在　深化する格差』株式会社　日本評論社
・伊藤良徳著『裁判のしくみが面白いほどわかる本』株式会社　中経出版
・弁護士法人アディーレ法律事務所著『ブラック企業に倍返しだ!弁護士が教える正しい闘い方』株式会社　ファミマ・ドット・コム
・三村正夫著『サッと作れる小規模企業の高齢再雇用者賃金・第二退職金』経営書院
・官制ワーキングプア研究会編者『なくそう!官制ワーキングプア』株式会社　日本評論社
・東京弁護士会労働法制特別委員会公務員労働法制研究部会編著『裁判例に見る「非正規公務員」の現状と課題~雇止め・処遇の問題を中心に~』法律情報出版株式会社

巻末資料

地方公務員法（抜粋）

第一章　総則

（この法律の目的）

第一条　この法律は、地方公共団体の人事機関並びに地方公務員の任用、人事評価、給与、勤務時間その他の勤務条件、休業、分限及び懲戒、服務、退職管理、研修、福祉及び利益の保護並びに団体等人事行政に関する根本基準を確立することにより、地方公共団体の行政の民主的かつ能率的な運営並びに特定地方独立行政法人の事務及び事業の確実な実施を保障し、もつて地方自治の本旨の実現に資することを目的とする。

（この法律の効力）

第二条　地方公務員（地方公共団体のすべての公務員をいう。）に関する従前の法令又は条例、地方公共団体の規則若しくは地方公共団体の機関の定める規程の規定が**この法律の規定に抵触する場合には、この法律の規定が、優先する。**

（一般職に属する地方公務員及び特別職に属する地方公務員）

第三条　地方公務員（地方公共団体及び特定地方独立行政法人（地方独立行政法人法（平成十五年法律第百十八号）第二条第二項に規定する特定地方独立行政法人をいう。以下同じ。）のすべての公務員をいう。以下同じ。）の職は、一般職と特別職とに分ける。

2　**一般職は、特別職に属する職以外の一切の職とする。**

3　**特別職は、次に掲げる職とする。**

一　就任について公選又は地方公共団体の議会の選挙、議決若しくは同意によることを必要とする職

一の二　地方公営企業の管理者及び企業団の企業長の職

二　法令又は条例、地方公共団体の規則若しくは地方公共団体の機関の定める規程により設けられた委員及び委員会（審議会その他これに準ずるものを含む。）の構成員の職で臨時又は非常勤のもの

二の二　都道府県労働委員会の委員の職で常勤のもの

三　**臨時又は非常勤の顧問、参与、調査員、嘱託員及びこれらの者に準ずる者の職**

四　地方公共団体の長、議会の議長その他地方公共団体の機関の長の秘書の職で条例で指定するもの

五　非常勤の消防団員及び水防団員の職

六　特定地方独立行政法人の役員

（この法律の適用を受ける地方公務員）

第四条　この法律の規定は、**一般職に属するすべての地方公務員**（以下「**職員**」という。）**に適用する。**

2　この法律の規定は、法律に特別の定がある場合を除く外、**特別職に属する地方公務員には適用しない。**

第三章　職員に適用される基準

第一節　通則

（平等取扱の原則）
第十三条　すべて国民は、この法律の適用について、平等に取り扱われなければならず、人種、信条、性別、社会的身分若しくは門地によつて、又は第十六条第五号に規定する場合を除く外、政治的意見若しくは政治的所属関係によつて差別されてはならない。

第二節　任用

（任用の根本基準）
第十五条　職員の任用は、この法律の定めるところにより、受験成績、人事評価その他の能力の実証に基づいて行わなければならない。

（任命の方法）
第十七条　職員の職に欠員を生じた場合においては、任命権者は、採用、昇任、降任又は転任のいずれかの方法により、職員を任命することができる。

（条件付採用及び臨時的任用）

第二十二条

2　人事委員会を置く地方公共団体においては、任命権者は、人事委員会規則で定めるところにより、緊急の場合、臨時の職に関する場合又は採用候補者名簿（中略）がない場合においては、人事委員会の承認を得て、六月を超えない期間で臨時的任用を行うことができる。この場合において、その任用は、人事委員会の承認を得て、六月を超えない期間で更新することができるが、再度更新することはできない。

5　人事委員会を置かない地方公共団体においては、任命権者は、緊急の場合又は臨時の職に関する場合においては、六月をこえない期間で臨時的任用を行うことができる。この場合において、任命権者は、その任用を六月をこえない期間で更新することができるが、再度更新することはできない。

7　前五項に定めるものの外、臨時的に任用された者に対しては、この法律を適用する。

第四節　給与、勤務時間その他の勤務条件

（給与、勤務時間その他の勤務条件の根本基準）

第二十四条　職員の給与は、その職務と責任に応ずるものでなければならない。

2　職員の給与は、生計費並びに国及び他の地方公共団体の職員並びに民間事業の従事者の給与その他の事情を考慮して定められなければならない。

5　**職員の給与、勤務時間その他の勤務条件は、条例で定める。**

（給与に関する条例及び給与の支給）

第二十五条　職員の給与は、前条第五項の規定による給与に関する条例に基づいて支給されなければならず、また、これに基づかずには、いかなる金銭又は有価物も職員に支給してはならない。

2　職員の給与は、法律又は条例により特に認められた場合を除き、通貨で、直接職員に、その全額を支払わなければならない。

3　給与に関する条例には、次に掲げる事項を規定するものとする。

一　給料表

二　等級別基準職務表

三　昇給の基準に関する事項

四　時間外勤務手当、夜間勤務手当及び休日勤務手当に関する事項

五　前号に規定するものを除くほか、地方自治法第二百四条第二項に規定する手当を支給する場合においては、当該手当に関する事項

六　非常勤職員の職その他勤務条件の特別な職があるときは、これらについて行う給与の調整に関する事項

七　前各号に規定するものを除くほか、給与の支給方法及び支給条件に関する事項

第六節　服務

（服務の根本基準）

第三十条　すべて職員は、全体の奉仕者として公共の利益のために勤務し、且つ、職務の遂行に当つては、全力を挙げてこれに専念しなければならない。

（法令等及び上司の職務上の命令に従う義務）

第三十二条　職員は、その職務を遂行するに当つて、法令、条例、地方公共団体の規則及び地方公共団体の機関の定める規程に従い、且つ、上司の職務上の命令に忠実に従わなければならない。

（信用失墜行為の禁止）

第三十三条　職員は、その職の信用を傷つけ、又は職員の職全体の不名誉となるような行為をしてはならない。

（秘密を守る義務）

第三十四条　職員は、職務上知り得た秘密を漏らしてはならない。その職を退いた後も、また、同様とする。

第八節　福祉及び利益の保護

（厚生制度）

第四十二条　地方公共団体は、職員の保健、元気回復その他厚生に関する事項について計画を樹立し、これを実施しなければならない。

（共済制度）

第四十三条　職員の病気、負傷、出産、休業、災害、退職、障害若しくは死亡又はその被扶養者の病気、負傷、出産、死亡若しくは災害に関して適切な給付を行なうための相互救済を目的とする共済制度が、実施されなければならない。

2　前項の共済制度には、職員が相当年限忠実に勤務して退職した場合又は公務に基づく病気若しくは負傷により退職し、若しくは死亡した場合におけるその者又はその遺族に対する退職年金に関する制度が含まれていなければならない。

労働基準法（抜粋）

第一章　総則

（労働条件の原則）

第一条　労働条件は、労働者が人たるに値する生活を営むための必要を充たすべきものでなければならない。

2　この法律で定める労働条件の基準は最低のものであるから、労働関係の当事者は、この基準を理由として労働条件を低下させてはならないことはもとより、その向上を図るように努めなければならない。

（労働条件の決定）

第二条　労働条件は、労働者と使用者が、対等の立場において決定すべきものである。

2　労働者及び使用者は、労働協約、就業規則及び労働契約を遵守し、誠実に各々その義務を履行しなければならない。

（均等待遇）

第三条　使用者は、労働者の国籍、信条又は社会的身分を理由として、賃金、労働時間その他の労働条件について、差別的取扱をしてはならない。

（男女同一賃金の原則）

第四条　使用者は、労働者が女性であることを理由として、賃金について、男性と差別的取扱いをしてはならない。

（時間外、休日及び深夜の割増賃金）

第三十七条　使用者が、第三十三条又は前条第一項の規定により労働時間を延長し、又は休日に労働させた場合においては、その時間又はその日の労働については、**通常の労働時間又は労働日の賃金の計算額の二割五分以上五割以下の範囲内でそれぞれ政令で定める率以上の率で計算した割増賃金を支払わなければならない。**ただし、当該延長して労働させた時間が一箇月について六十時間を超えた場合においては、その超えた時間の労働については、通常の労働時間の賃金の計算額の五割以上の率で計算した割増賃金を支払わなければならない。

2　前項の政令は、労働者の福祉、時間外又は休日の労働の動向その他の事情を考慮して定めるものとする。

3　使用者が、当該事業場に、労働者の過半数で組織する労働組合があるときはその労働組合、労働者の過半数で組織する労働組合がないときは労働者の過半数を代表する者との書面による協定により、第一項ただし書の規定により割増賃金を支払うべき労働者に対して、当該割増賃金の支払に代えて、通常の労働時間の賃金が支払われる休暇（第三十九条の規定による有給休暇を除く。）を厚生労働省令で定めるところにより与えることを定めた場合において、当該労働者が当該休暇を取得したときは、当該労働者の同項ただし書に規定する時間を超えた時間の労働のうち当該取得した休暇に対応するものとして厚生労働省令で定める時間の労働については、同項ただし書の規定による割増賃金を支払うことを要しない。

4　使用者が、午後十時から午前五時まで（厚生労働大臣が必要であると認める場合においては、その定める地域又は期間については午後十一時から午前六時まで）の間において労働させた場合においては、その時間の労働については、通常の労働時間の賃金の計算額の二割五分以上の率で計算した割増賃金を支払わなければならない。

5　第一項及び前項の割増賃金の基礎となる賃金には、家族手当、通勤手当その他厚生労働省令で定める賃金は算入しない。

（国及び公共団体についての適用）

第百十二条　この法律及びこの法律に基いて発する命令は、国、都道府県、市町村その他これに準ずべきものについても適用あるものとする。

労働契約法（抜粋）

第一章　総則

（目的）

第一条　この法律は、労働者及び使用者の自主的な交渉の下で、労働契約が合意により成立し、又は変更されるという合意の原則その他労働契約に関する基本的事項を定めることにより、合理的な労働条件の決定又は変更が円滑に行われるようにすることを通じて、労働者の保護を図りつつ、個別の労働関係の安定に資することを目的とする。

（定義）

第二条　この法律において「労働者」とは、使用者に使用されて労働し、賃金を支払われる者をいう。

2　この法律において「使用者」とは、その使用する労働者に対して賃金を支払う者をいう。

（労働契約の原則）

第三条　労働契約は、労働者及び使用者が対等の立場における合意に基づいて締結し、又は変更すべきものとする。

2　労働契約は、労働者及び使用者が、就業の実態に応じて、均衡を考慮しつつ締結し、又は変更すべきものとする。

3　労働契約は、労働者及び使用者が仕事と生活の調和にも配慮しつつ締結し、又は変更すべきものとする。

4　労働者及び使用者は、労働契約を遵守するとともに、信義に従い誠実に、権利を行使し、及び義務を履行しなければならない。

5　労働者及び使用者は、労働契約に基づく権利の行使に当たっては、それを濫用することがあってはならない

（解雇）

第十六条　解雇は、客観的に合理的な理由を欠き、社会通念上相当であると認められない場合は、その権利を濫用したものとして、無効とする

第四章　期間の定めのある労働契約

（契約期間中の解雇等）

第十七条　使用者は、期間の定めのある労働契約（以下この章において「有期労働契約」という。）について、やむを得ない事由がある場合でなければ、その契約期間が満了するまでの間において、労働者を解雇することができない。

2　使用者は、有期労働契約について、その有期労働契約により労働者を使用する目的に照らして、必要以上に短い期間を定めることにより、その有期労働契約を反復して更新することのないよう配慮しなければならない。

（有期労働契約の更新等）

第十九条　有期労働契約であって次の各号のいずれかに該当するものの契約期間が満了する日までの間に労働者が当該有期労働契約の更新の申込みをした場合又は当該契約期間の満了後遅滞なく有期労働契約の締結の申込みをした場合であって、使用者が当該申込みを拒絶することが、客観的に合理的な理由を欠き、社会通念上相当であると認められないときは、使用者は、従前の有期労働契約の内容である労働条件と同一の労働条件で当該申込みを承諾したものとみなす。

一　当該有期労働契約が過去に反復して更新されたことがあるものであって、その契約期間の満了時に当該有期労働契約を更新しないことにより当該有期労働契約を終了させることが、期間の定めのない労働契約を締結している労働者に解雇の意思表示をすることにより当該期間の定めのない労働契約を終了させることと社会通念上同視できると認められること。

二　当該労働者において当該有期労働契約の契約期間の満了時に当該有期労働契約が更新されるものと期待することについて合理的な理由があるものであると認められること。

（期間の定めがあることによる不合理な労働条件の禁止）

第二十条　有期労働契約を締結している労働者の労働契約の内容である労働条件が、期間の定めがあることにより同一の使用者と期間の定めのない労働契約を締結している労働者の労働契約の内容である労働条件と相違する場合においては、当該労働条件の相違は、労働者の業務の内容及び当該業務に伴う責任の程度（以下この条において「職務の内容」という。）、当該職務の内容及び配置の変更の範囲その他の事情を考慮して、不合理と認められるものであってはならない。

（適用除外）

第二十二条　この法律は、国家公務員及び地方公務員については、適用しない。

短時間労働者の雇用管理の改善等に関する法律（パートタイム労働法）（抜粋）

第一章　総則

（目的）

第一条　この法律は、我が国における少子高齢化の進展、就業構造の変化等の社会経済情勢の変化に伴い、短時間労働者の果たす役割の重要性が増大していることにかんがみ、短時間労働者について、その適正な労働条件の確保、雇用管理の改善、通常の労働者への転換の推進、職業能力の開発及び向上等に関する措置等を講ずることにより、通常の労働者との均衡のとれた待遇の確保等を図ることを通じて短時間労働者がその有する能力を有効に発揮することができるようにし、もってその福祉の増進を図り、あわせて経済及び社会の発展に寄与することを目的とする。

（定義）

第二条　この法律において「短時間労働者」とは、一週間の所定労働時間が同一の事業所に雇用される通常の労働者（当該事業所に雇用される通常の労働者と同種の業務に従事する当該事業所に雇用される労働者にあっては、厚生労働省令で定める場合を除き、当該労働者と同種の業務に従事する当該通常の労働者）の一週間の所定労働時間に比し短い労働者をいう。

（国及び地方公共団体の責務）

第四条　国は、短時間労働者の雇用管理の改善等について事業主その他の関係者の自主的な努力を尊重しつつその実情に応じてこれらの者に対し必要な指導、援助等を行うとともに、短時間労働者の能力の有効な発揮を妨げている諸要因の解消を図るために必要な広報その他の啓発活動を行うほか、その職業能力の開発及び向上等を図る等、短時間労働者の雇用管理の改善等の促進その他その福祉の増進を図るために必要な施策を総合的かつ効果的に推進するように努めるものとする。

2 地方公共団体は、前項の国の施策と相まって、短時間労働者の福祉の増進を図るために必要な施策を推進するように努めるものとする。

第三章　短時間労働者の雇用管理の改善等に関する措置等

第一節　雇用管理の改善等に関する措置

（短時間労働者の待遇の原則）

第八条　事業主が、その雇用する短時間労働者の待遇を、当該事業所に雇用される通常の労働者の待遇と相違するものとする場合においては、当該待遇の相違は、当該短時間労働者及び通常の労働者の業務の内容及び当該業務に伴う責任の程度（以下「職務の内容」という。）、当該職務の内容及び配置の変更の範囲その他の事情を考慮して、不合理と認められるものであってはならない。

（通常の労働者と同視すべき短時間労働者に対する差別的取扱いの禁止）

第九条　事業主は、職務の内容が当該事業所に雇用される通常の労働者と同一の短時間労働者（第十一条第一項において「職務内容同一短時間労働者」という。）であって、当該事業所における慣行その他の事情からみて、当該事業主との雇用関係が終了するまでの全期間において、その職務の内容及び配置が当該通常の労働者の職務の内容及び配置の変更の範囲と同一の範囲で変更されると見込まれるもの（次条及び同項において「通常の労働者と同視すべき短時間労働者」という。）については、短時間労働者であることを理由として、賃金の決定、教育訓練の実施、福利厚生施設の利用その他の待遇について、差別的取扱いをしてはならない。

（適用除外）

第二十九条　この法律は、国家公務員及び地方公務員並びに船員職業安定法（昭和二十三年法律第百三十号）第六条第一項に規定する船員については、適用しない。

著者紹介

三村　正夫（みむら・まさお）

昭和30年福井市生まれ。芝浦工業大学卒業後、昭和55年日本生命保険相互会社に入社し、販売関係の仕事に22年間従事した。その後、平成13年に石川県で独立し、開業15周年を迎える。就業規則の作成指導は開業時より積極的に実施しており、県内の有名大学・大企業から10人未満の会社まで幅広く手掛ける。信念は「人生は自分の思い描いたとおりになる」。特定社会保険労務士、行政書士など22種の資格を取得。
主な著書に『サッと作れる零細企業の就業規則』、『サッと作れる小規模企業の賃金制度』、『サッと作れるアルバイト・パートの賃金・退職金制度』（以上、経営書院）などがある。

ブラック役場化する職場
〜知られざる非正規公務員の実態

平成29年８月10日　初版発行

著　者　三村正夫
発　行　企業通信社
〒170-0004　東京都豊島区北大塚2-9-7
TEL　03-3917-1135
FAX　03-3917-1137

発売元　労働調査会
〒170-0004　東京都豊島区北大塚2-4-5
TEL　03-3915-6401
FAX　03-3918-8618
http://www.chosakai.co.jp/

企画・編集協力　インプルーブ 小山睦男
ISBN978-4-86319-579-0
